新形式対応

TOEIC® L&R TEST
5分間特急
超集中リスニング

八島 晶

JN044051

朝日新聞出版

作問協力	————	Ross Tulloch
編集協力	————	渡邉 真理子
		Daniel Warriner
録音協力	————	英語教育協議会（ELEC）
		東 健一
		Emma Howard
		Howard Colefield
		StuartO
写真提供	————	野村 太郎
		小松 エナ

もくじ

Just do it!

Round 1

Do your best!

Round 2

Seize the day!

Round 3

🚌 なぜ勉強を続けられないのか

正月や新年度を迎えると「今年こそ英語が話せるようになる!」「TOEICで600点を取る!」と目標を立てて勉強を始める人が急増します。新しく参考書や問題集を購入して、この時の勉強のモチベーションはピークです。ところが1日経つごとにやる気が低下していき、1週間も経てば本も開かなくなりやる気はゼロになってしまう人がほとんどです。いわゆる3日坊主です。

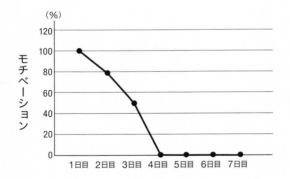

一度下がってしまったモチベーションが再び上向くことはほぼありません。翌年の正月、新年度、新学期を迎えるまでは。

勉強が続けられないのは、3日坊主だけが原因ではありません。現代を生きる社会人、学生、主婦、誰にとっても日常生活は忙しく、英語学習よりも優先順位の高いことはたくさんあるのです。ビジネスパーソンであれば納期や予期しなかったクレーム対応など優先度がより高い仕事が発生すると、

継続できていた英語学習もそこでストップしてしまい、それを再開するのはなかなか難しいものです。

🚃 5分間を削り出せ！

どんなに忙しい時にでも、頑張って1日に5分間だけでも勉強をし続けることで、モチベーションがゼロリセットされるのを防ぐことができます。5分間だけとはいえ、本当に忙しい時、やる気が起きない時に英語学習をする事はなかなかできません。それでも、5分間勉強できたとしたらどうでしょうか。想像してみてください、そんな状況にいる自分を。

> 「こんな忙しい、苦しい時でも
> 自分は勉強が継続できた！」

これで状況は全く変わってきます。5分間を削り出せたというポジティブな経験が勉強継続の推進力になるからです。勉強法の金言である『継続は力なり』とはそういうことです。

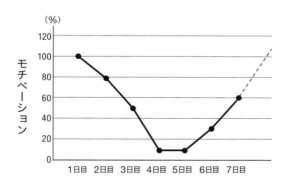

🚃 自分の限界を突破する

　私が2016年に英語学習雑誌『AERA English』で5分間勉強法を発表すると大きな反響が起こりました。雑誌の付録「1日5分だけ30日間ドリル」を使って5分間学習を実践された読者の方々から「継続するコツがつかめた」「今でも英語学習を続けられている」「長らく停滞していたTOEICのスコアがアップした」という便りをたくさんいただきました。

　そして多くの方々から「5分間だけやろうと始めると結局30分くらい勉強していた」というフィードバックもいただきました。そうなんです、5分間勉強法は「今日は絶対に勉強できない」という自分が無意識に設定した限界を打ち破るためのキッカケになるのです。

🚃 本書の特徴と使い方

　5分間勉強法で継続学習のコツをつかみ、目標スコアを取って自分を変えようという方々を応援するために本書を書きました。苦しい時にせっかく削り出せた5分間を本書に充てていただくのですから、学習効果のある密度の高い問題を厳選しました。毎回出題される定番問題に加え、中上級者でも思わず引っかかってしまう錯乱肢を含む、やや難しめの問題も出題しました。

　問題演習を通じて学んでいただきたい項目は「ワンポイントアドバイス」として解説しました。

〈ワンポイントアドバイスの一例〉

▶ 問題作成者は何を試そうとしているのか
▶ どんなトラップが仕掛けられているのか
▶ 学習者が苦手としている音、単語、フレーズ
▶ 弱点を克服するためのトレーニング
▶ 新傾向の問題と対策法

　これらを熟読して実践することで、あなたが削り出した5分間がスコアアップのための黄金の5分間に変わるのです。
　私はこれまでにセミナーを通して6000名を超える学習者と向き合ってきました。参加者に協力していただいて、聞き取れなかった単語、フレーズ、ミスの原因をデータ化し、分析を続けてきました。すると、中上級ですら基本単語が聞き取れておらず、それがミスの起点になっていることがわかってきました。また単語単体では難しくなくても、他の単語と組み合わせられることで音変化が起こり、聞き取り難易度が上がるパターンも判明してきました。それらの音、フレーズを英文の中に練り込み、音声を繰り返し聞くだけでも弱点補強ができるようにしています。
　本書のナレーターの発話は他書に比べて速く感じられるかもしれません。それは2020年頃から本番でも起こっている傾向を反映させたためです。特にオーストラリア人男性、イギリス人女性が早口になってきて、以前よりも音の変化、欠落が起こりやすくなってきました。
　本書では、音声収録の際にこの本番で起こっているスピード、変化を再現しました。本書の音声ファイルに慣れていれば、本番の音声は速く感じることなくスッキリと聞こえるよ

うになるはずです。

　解き直したい問題、重要だと思った問題をピックアップできるようマーク欄を設けました。2周目以降の復習に役立ててください。また、どうしても英語学習をするのが厳しいなと感じる日は、無理に先に進まずチェックを付けた問題を解き直してください。

　本書が皆さまの夢を叶えるためのスコアアップに役立つことを願ってやみません。

令和三年十月吉日

八島 晶

トレーニングを始める前に

🚌 学習者共通の弱点

私が講師を務めるリスニングセミナーでは、問題演習を行なった後、答え合わせをする前に音声ファイルを再生して、ディクテーションに取り組んでいただいています。スクリプトを見ずに英文を書き取るトレーニングです。これをやることで、スペリングに依存することなく英語の正しい音が耳に染み込み、自分がどの単語、フレーズが聞き取れていないのかがわかるようになります。

レッスンが終わった後に、参加者からディクテーションで使ったノートを回収して、どの単語、フレーズが書き取れていないのか、何と聞き間違えていたのか、そしてどの単語を聞き取れていないと、どんなミスによって問題を間違えてしまうのかを分析、検証を続けてきました。

その結果、学習者のレベルによって聞き取れない単語、構文の傾向が浮かび上がってきました。初心者が特に聞き取れていない単語もあれば、上級者でも聞き漏らしてしまう基本単語もありました。例えば初心者は、I'll や we'll を聞き取るのを苦手にしていました。これらはパート1以外のパートに頻繁に登場し、しかも文頭として使われるので、ここでつまづいてしまうと、その後の内容が聞き取れなくなってしまいます。

I'll have to see the property and sit down with you to go over your options, including materials and size.

We'll be closing pretty soon, though, so the alterations won't be done today.

パート2の where で始まる疑問文は定番問題ですが、初心者は本書で後述する原因で聞き取れていませんでした。そして、where's になると聞き取りの難易度が上がり who's と混同してしまう人が続出します。これを早口のイギリス人女性、オーストラリア人男性が読むと上級者でも聞き取れなくなってくることを、これまでの分析結果が示しています。

(◀02)

Where's the speaker for the next technology conference?

そして公式問題集や公開テストでは、学習者が共通して聞き取りにくい単語をポイントに誤答に誘導する問題が数多く出題されていることにも気づきました。つまり、テスト制作機関の問題作成者は学習者の弱点を十分に把握しており、それらを聞き取れているかどうかを試すような問題を出題しているのです。

(◀03)

When did Mr. Holmes join the company?
正解 He was here before I came.
誤答 At the main office.

この重要な事実に気がついてからは、学習者の弱点を含む問題を作成して、それをリスニングセミナーで出題し、さらに解答の傾向を分析するというサイクルを繰り返すことで、本番の出題傾向に近い問題を練り上げていきました。

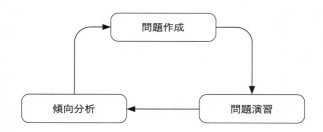

問題作成 → 問題演習 → 傾向分析 → 問題作成

　するとどうでしょう。クラスでのスコアアップ効果が目に見えて現れてきました。3ヶ月で200点アップした方や、リスニング満点を取得した方が増えてきたのです。短期間でスコアアップを実現するには、出題傾向に沿った、学習効果の高い問題を解くという学習方法が最も有効であることが実証できたのです。

　本書では、私のリスニングセミナーで練り上げてきた問題の中から今後も出題される可能性の高い問題を厳選し、収録しました。安心して本書の問題に取り組んでください。これまで私のセミナーで目標達成をした約6000名の参加者が歩んだ道を通して、今度はあなたが目標達成を果たしてください。

本書で使われている記号

動：動詞　**名**：名詞　**副**：副詞　**形**：形容詞

前：前置詞　**接**：接続詞　≒：類義語

リスニング **240**点 ➡ リスニング **435**点

Mizuki さんが勤務する会社では、トータルスコアで800点を取得していないと海外勤務ができないという内規がありました。海外勤務を志望していた Mizuki さんは、私の初級、中級、上級クラスの全てに申し込んで、勉強法について相談に乗ってほしいと相談に来られました。Mizuki さんの保有スコアは500点台だったので半年間で800点を目標にするプランを最初に提示したのですが、短期集中で勉強をしたいという本人の強い希望があり3ヶ月のプランを再作成してチャレンジすることになりました。短期間でスコアが上がりやすいのはリスニングなので、目標のスコアバランスをリスニング430点、リーディング370点と設定しました。

セミナーには毎回出席の皆勤賞。必ず最前列に座り、終了後は居残って自分が間違えた問題や不明な点を細かく質問していました。復習テストをやると毎回ほぼ満点なので、自宅で完璧に復習していたのでしょう。結果的に Mizuki さんは3ヶ月後に805点を取得して、念願の海外勤務を実現されました。当初は英語がなかなか通じずに苦労をされたそうですが、それも持ち前のガッツで乗り越えたそうです。

Mizuki さんに短期で目標達成をした成功要因をお聞きすると、勉強時間をできる限り削り出すために生活スタイルを一変させたことだと言っていました。具体的には、大好きだったテレビドラマの視聴をやめ、趣味のテニスはスクールを休会にして、その空いた時間の全てを TOEIC の学習時間に充てたそうです。ランチも短時間で済ませ、残りの時間は模試の復習をしていたというのですから徹底しています。そんなストイックな生活を強いるために最初から3ヶ月間と期間を限定したのでしょう。そして、頑張り続けられたのは、生き生きと海外勤務をしている自分の姿を思い浮かべられたからとのこと。スコアアップの第一歩は日常生活の中で勉強時間を作り出す覚悟と工夫だということですね。

Round 1

5分間勉強を
生活の中に
組み込みましょう!

Day 1

写真の中で
見るべきポイントを
決めましょう!

□ **1.**  (4)

□ **2.**  (5)

1.

スクリプト

(A) The people are assembling a machine.
(B) The people are gathered around a laptop.
(C) The woman is pointing at a computer.
(D) The men are greeting each other.

和訳

(A) 人々が機械を組み立てている。
(B) 人々がノートパソコンの周りに集まっている。
(C) 女性がコンピューターを指さしている。
(D) 男性たちがお互いに挨拶をしている。

正解 (B)

　人物が写っている写真の問題は、人物の状態や動作に注目しておきます。正解 (B) は3人の人物がノートパソコンの周りに集まっているという状態を述べています。(A) は、コンピューターを machine と言い換えることはできるので、assembling を聞き取れないと正解に思えてしまいます。(C) は、男性たちがコンピューターを指さしていますが、女性はしていないので不正解です。(D) はパート1の正解として出題される頻出英文なので、まるごと覚えておきましょう。

語注

□ **assemble** 動 ～を組み立てる
□ **point at** ～を指さす

2.

(A) A man is kneeling on the floor.
(B) A ceiling light fixture is being installed.
(C) Workstations have been arranged in the office.
(D) Drawers are situated on the desks.

和訳

(A) 男性が床にひざまずいている。
(B) 天井用照明器具が設置されているところである。
(C) ワークステーションが事務所に配置されている。
(D) 引き出しが机の上に設置されている。

正解 (C)

　人と物が混在している写真は、人、物のいずれもが主語になる可能性があります。人の状態、動作と目につきやすい物を確認しておきましょう。正解 (C) の workstation はここでは「コンピューター」の意味で出題されていますが、「作業用の机、作業場所」の意味でもパート1で出題されるので要注意の単語です。(B) は is being installed という受動態の進行形が使われているので、人が照明器具を取り付けている最中の写真であれば正解でした。

語注

□ **kneel** 動 ひざまずく
　※先頭のkは発音されません！

Day 2

正解の主語になる
パターンは
決まっています！

☐ **3.**  ◀ 6

☐ **4.**  ◀ 7

3.

✕ スクリプト

(A) A table is surrounded by potted plants.
(B) A sofa has been placed in a hallway.
(C) All of the chairs are unoccupied.
(D) The floor is being polished.

✕ 和訳

(A) テーブルの周りに鉢植えが置かれている。
(B) ソファが廊下に置かれている。
(C) 椅子は全て空いている。
(D) 床が磨かれているところである。

正解 (C)

　写真中央に大きく写っているテーブル、椅子が主語として読まれるだろうと予測をしておきます。正解 (C) の unoccupied は「席が空いている」という意味の形容詞で、パート1で出題される可能性のある重要単語です。are unoccupied の部分がつながって読まれると、are occupied (席がふさがっている) であると誤解してしまうので要注意です。音を繰り返し聞きなおしておきましょう。

✕ 語注

　□ **potted plant**　鉢植え
　□ **hallway**　名 廊下

4.

⊠ スクリプト　　　　　　　　　🇬🇧 ◀ 7

(A) A cup has been placed on a cupboard.
(B) The people are looking at a laptop.
(C) Some paperwork is being distributed.
(D) The people have gathered at a table.

⊠ 和訳

(A) コップが食器棚の上に置かれている。
(B) 人々はノートパソコンを見ている。
(C) いくつかの書類が配られているところである。
(D) 人々はテーブルに集まっている。

正解 (D)

多くの人物が写っている写真は、様々な主語が正解になる
パターンがあります。

They (The people)：彼らは (人々は)
One of the women (men)：女性の (男性の) 1 人が
The women (men)：女性たち (男性たち) は

このように、写っている人物全員、一部の人物などが正解
の主語になりえます。音声が流れる前には人物の個々の特徴
の他に、共通点まで抑えることができれば完璧です。

⊠ 語注

□ **cupboard**　名 食器棚
　　※pは発音されません！

Day 3

間違った音の記憶を
正しい英語の音で
上書きしましょう!

□ **5.** Mark your answer on your answer sheet.

□ **6.** Mark your answer on your answer sheet.

□ **7.** Mark your answer on your answer sheet.

5.

✕ スクリプト

Woman: When did Mr. Hammond join the company?

Man: (A) He was here before I came.
(B) At the Springfield office.
(C) Let's make an appointment for after lunch.

✕ 和訳

女性：Hammond さんはいつ会社に入社しましたか。

男性：(A) 彼は、私がここに来る以前にはいました。
(B) Springfield 事務所でです。
(C) 昼食後にアポを取りましょう。

正解 (A)

問いかけ文では Hammond が入社した時期が問われています。正解 (A) では、男性は「自分が入社する前から、彼はここ (会社) にいた」と答えています。

(B) は when を where と聞き間違えた人に対する錯乱肢です。(C) は、when で待ち受けしてしまうと after lunch (昼食後に) が会話としてつながってしまう、危険な選択肢です。

👨 ワンポイントアドバイス

WH 疑問詞 (who、what、when、where、why、how) で始まる問題はパート 2 で最も多く出題されます。したがってこのタイプの問題の解き方をマスターすることがパート 2 の攻略の第一歩です。

本問で最も重要なのは when を正しい音 (/wen/) で覚えて

いるかどうかです。カタカナ英語の「ホエン」で覚えていると聞き違えるリスクが高まります。まず先頭の音は「ホ」とは全く異なる音です。次にカタカナ英語では「ホ・エ・ン」と3音節ですが、正しい英語の音は1音節です。この違いを意識して、音声ファイルを繰り返し聞きなおしておきましょう。

🔲 語注

□ **join** 動 〜の一員になる、〜に参加する

※パート4では以下の用例で頻繁に出題されるので合わせて覚えておきましょう。

Please join me in welcoming Mr. Howell.
皆さん、Howell さんをお迎えしましょう。

6.

🔲 スクリプト

Man: Where did you put all of the employee manuals?

Woman: (A) All by myself.
(B) They're by the door.
(C) I haven't checked my e-mail.

🔲 和訳

男性：全ての従業員マニュアルをどこに置きましたか。

女性：(A) 全て、私自身です。
(B) ドアのそばにあります。
(C) メールをまだ確認していません。

正解 (B)

従業員マニュアルを置いた場所が問われ、正解 (B) は by

the door (ドアのそば) であると答えています。

（A）は where を who と聞き間違えた人に対する錯乱肢です。（C）は前半の I haven't checked だけで判断すると、正解に思えてしまいます。

 ワンポイントアドバイス

where も when と同様、カタカナ英語で覚えていると聞き間違えるリスクが高い単語です。カタカナ英語の「ホ・エ・アー」は3音節ですが正しい英語の音 /weə/ は1音節です。

* * *

They're by the door. は難しい単語は使われていないシンプルな英文ですが聞き取れたでしょうか。まず、先頭の単語は they ならば聞き取りやすいのですが、they're になるとあいまいな音になり難易度が上がります。また、door はカタカナ英語の「ドアー」で覚えていると聞き取れません。本問ではイギリス人ナレーターが /dɔː/ と読んでおり、カタカナ表記をすると「ドー」に近い音です。

7.

📧 スクリプト

Man: Who's in charge of making arrangements for the party?

Woman: (A) They're arranged on the shelf.
(B) That's my job this year.
(C) We're charging less than before.

📧 和訳

男性：パーティーの手配は誰の担当ですか。

女性：(A) それらは、棚の上に並べました。
　　　(B) 今年は、私の仕事です。
　　　(C) 以前よりも課金は少なくなっています。

正解 (B)

　問いかけ文では、パーティーの手配は誰の担当かが問われています。正解 (B) では、my job (私の仕事) であると答えています。

　(A) は問いかけ文の arrangements と arranged の音を、(C) は charge と charging の音と結びつけています。本書では、これを**音のヒッカケ**と呼ぶことにします。

🗣 ワンポイントアドバイス

　音のヒッカケは頻出のトラップです。パート 2 は音だけで解答をしなければならないパートなので、問題作成者は受験者がどれくらい英文を聞き取れているのか、単語だけで正解を選んでいないかを試すために、この音のヒッカケを仕掛けてきます。

　このトラップを逆手にとって、**「問いかけ文で聞こえた単語を含む選択肢は不正解だろうから、選ばない」**というテクニックが使えます。本問で、問いかけ文が以下のようにしか聞き取れなかったとします。

Who's in charge of making arrangements for the party?

　これでは何が問われているのかが分からないので解答不能なのですが、(A) と (C) には arranged と charging が含まれているので、それらは選ばず (B) をマークするわけです。

Day 4

中学校レベルの
基本単語が
聞こえないのは
なぜでしょうか?

☐ **8.** Mark your answer on your answer sheet.

☐ **9.** Mark your answer on your answer sheet.

☐ **10.** Mark your answer on your answer sheet.

8.

❌ スクリプト

Woman: How did you clean the storeroom so quickly?

Man: (A) I had a lot of help.
(B) There should be enough room.
(C) By ten o'clock at the latest.

❌ 和訳

女性：どうやって倉庫を短時間で掃除したのですか。

男性：(A) 多くの人の助けがあったからです。
(B) 十分な余裕が必要です。
(C) 遅くとも10時までに。

正解 (A)

　問いかけ文の how（どうやって）、clean（掃除する）だけで選択肢を待ち受けてしまうと、会話としてつながるものがないため、正解が選べなくなってしまいます。この問題のポイントは文末の so quickly で、どうやったらそんなに早く掃除ができたのかを問うているので、(A) の「多くの人の助けがあったから」が会話としてつながるのです。

　(B) は storeroom と room を関連づけた音のヒッカケになっています。(C) は how と when を聞き間違えた人に対する錯乱肢です。

👤 ワンポイントアドバイス

　問いかけ文が聞き取れ、選択肢も聞き取れたのに「正解がない！」という経験は誰しもあるのではないでしょうか。パート2は短い英文が次々と流れてくるので、気が焦ってしまい、問いかけ文の聞き取りが雑になってしまいがちです。問

題作成者は、受験者の心理をよくわかっていて、本問のように文末まで聞き取れないと解けない問題を出題してきます。文末まで聞き取るということを意識して、この後の問題も解き進めてください。

9.

 スクリプト

> *Man:* Why have you reserved the meeting room from five o'clock?
>
> *Woman:* (A) If there's enough time.
> (B) I hope they'll be served before then.
> (C) That was the only time available.

 和訳

男性：あなたはなぜ会議室を5時から予約したのですか。

女性：(A) もし十分な時間があれば。
(B) その前にそれらが提供されることを望みます。
(C) その時間だけが空いていたからです。

正解 (C)

この問題も前問と同じように、問いかけ文の文末にある from five o'clock が正解のキーワードになっています。5時から予約した理由が問われているので、(C) の「その時間だけが空いていた」が会話としてつながります。

(A) は問いかけ文を why（なぜ）、reserved（予約）だけ聞き取ってしまった人に対する錯乱肢です。(B) は reserved と served の音のヒッカケです。

語注

□ **available** 形（部屋などが）空いている

※TOEIC重要単語です。以下の2つの意味も含めて必ず覚えておいてください。

The bag is not available in Japan.

そのバッグは日本では入手できません。

What kind of transportation available from here?

ここから利用できる交通機関は何ですか。

10.

スクリプト

Woman: Which of these phones has better battery life?

Man: (A) I hope so too.
(B) About 30 hours, I think.
(C) Let's check the brochure.

和訳

女性：電池寿命が長いのはどの電話機ですか。

男性：(A) 私もそう思います。
(B) 約30時間だと思います。
(C) パンフレットを確認してみましょう。

正解 (C)

　話者の目の前には複数の電話機が並んでいる場面です。女性は電池寿命が長い電話機はどれかをたずねていますが、「パンフレットを確認してみましょう」と提案している (C) が正解です。

（A）は危険な選択肢です。問いかけ文の出だしを聞き逃してしまうと、「これらの電話機は電池寿命が長い」というセリフに聞こえてしまい、会話がつながってしまいます。(B) は問いかけ文を「バッテリーの寿命はどれくらい」と聞き取ってしまった人に対する錯乱肢です。

✉ 語注

□ **brochure** 名 宣伝用パンフレット、小冊子
※会社案内、製品紹介などの目的で作成されます。画像検索で実例を見て、イメージで覚えておくとよいでしょう。

♪ 英語を聞き取るための 音のレッスン　which は不一致？

Which of these phones has better battery life?

which は when、where と並んでパート2に多く登場する疑問詞なので、確実にその正確な音を抑えておきましょう。

which (/(h)wɪtʃ/) は明瞭な音なので決して聞きにくくはないのですが、カタカナ英語の「フイッチ」で覚えていると意外にも聞き漏らしが起こってしまいます。特にこのイギリス人女性ナレーターのようにやや早口で発話されると、聞き取りの難易度が上がります。その最大の原因は、先頭の音がカタカナ英語と正しい英語では大きく異なっているからなのです。音声を注意深く聞いてみると「フ」ではなく「ウ」に近い音であることがわかるでしょう。唇をタコの口のように丸め、前に突き出す形をつくってから which と発話するとネイティブが出す音を体感することができます。是非、実践してみてください。

Day 5

難しい構文は、
話者になりきって
発話してみましょう!

☐ **11.** Mark your answer on your answer sheet.

☐ **12.** Mark your answer on your answer sheet.

☐ **13.** Mark your answer on your answer sheet.

11.

 スクリプト

> Man: What's the likelihood of rain tomorrow morning?
>
> Woman: (A) Very low, actually.
> (B) Well, I'll be here on time.
> (C) I really like them, too.

 和訳

> 男性：明朝、雨の可能性はどれくらいありますか。
> 女性：(A) 実は、とても少ないです。
> (B) ええ、時間通りに来られます。
> (C) 私もそれらがとても好きです。

正解 (A)

the likelihood of rain (雨の可能性) について問われており、「とても少ない」と答えている (A) が正解です。

問いかけ文の前半が聞き取れないと、後半の tomorrow morning が耳に残ってしまうので、(B) が正解に思えてしまいます。(C) は likelihood と like を使った音のヒッカケです。

 語注

□ **likelihood** 名 可能性 ≒probability
※リスニングセクションではやや難しめの単語ですが、パート7に登場する単語なので、ここで用法、類義語を含めて覚えてしまいましょう。
基本的な用法は、「何の」可能性なのかを of を使って表します。次に多いのは、that 節を伴って可能性の内容を表します。

There was little <u>likelihood that she made it to</u> <u>the meeting</u>.

<u>彼女が会議に間に合う可能性</u>は非常に少なかった。

12.

スクリプト

Woman: Does this bus stop at Redding Station?

Man: (A) A round-trip ticket for two.
(B) They'll be here very soon.
(C) We'll be there in about ten minutes.

和訳

女性：このバスは Redding 駅に停車しますか。

男性：(A) 往復券を2枚。
(B) 彼らはすぐにここに来ます。
(C) 私たちは約10分後にそこへ到着します。

正解 (C)

　会話の場面を想像する必要のある難問です。問いかけ文を聞き取っただけでは、話者たちがどこで会話をしているかは特定できません。正解 (C) は、女性と男性は同じバスに乗り合わせている場面であれば、そのバスが10分後に Redding 駅に到着する、という会話が成立します。

　(A) は、問いかけ文の bus から、A round-trip ticket を連想して会話がつながっていると勘違いさせる錯乱肢です。

　(B) は要注意の選択肢です。They が何を指しているのかが不明なため、会話としてつながらず不正解なのですが、主語が It であれば正解として成立します。

It'll be here very soon.

それは、すぐにここに来ますよ。

　女性と男性はバスの停留所にいて、女性は時刻表を指さして、このバスは Redding 駅に停車するかどうかをたずねている場面だとします。すると男性は女性が指さしているバス (it) はもうすぐここに来ると答えます。男性は女性の問いに直接は回答していませんが、バスが来たら運転手に確認するなり、行先表示で停車駅がわかるという示唆になっています。

13.

スクリプト

Woman: Would you prefer to hold the banquet at a restaurant or have a caterer bring food here?

Man: (A) I don't have time to go to the bank.
(B) I've already eaten lunch.
(C) Let's choose the cheaper option.

和訳

女性：宴会はレストランで開催しますか、あるいは仕出し屋に頼んで食事をここに届けてもらいますか。

男性：(A) 銀行に行く時間がありません。
(B) すでに昼食は食べました。
(C) 安い方を選びましょう。

正解 (C)

　パート2としては長めの問いかけ文で、最後まで聞き取った後、宴会をレストランで行うか、仕出しを頼むか、という

問われている点を正確に覚えておく必要があります。正解
(C) ではいずれとも答えず、安い方にしようという提案をし
ているので会話がつながっています。

(A) は banquet と bank を使った音のヒッカケです。(B)
は banquet から lunch を連想させるヒッカケです。

 ワンポイントアドバイス

A or B

AかBかの選択が問われた場合、どちらかであると直接回
答する選択肢が正解になることはほぼありません。選択肢に
AやBがあるとそれだけで正解が特定できてしまうからで
す。本問のように、「どちらなのか決まっていない」と回答し
たり、「どちらでもよい」というセリフが正解の定番です。

Either is fine.
どちらでもよいです。

* * *

have + O + 動詞の原形

問いかけ文の後半はhaveを使った使役構文になっています。

have <u>a caterer</u> <u>bring</u> food here
　　　 O 　　　　動詞の原形

使役構文を見抜けないと、文の構造が取れなくなり、そこ
で思考停止になってしまいます。使役構文を克服するには、
自分で使ってみることです。女性になりきって、問いかけ文
を10回音読しておきましょう。

Day 6

ミスした原因を
自分で分析して
みましょう!

□ **14.** Mark your answer on your answer sheet.

□ **15.** Mark your answer on your answer sheet.

□ **16.** Mark your answer on your answer sheet.

14.

スクリプト

Woman: Aren't these flowers for the lobby?

Man: (A) The garden looks great, doesn't it?
(B) No, I bought them for the hallway.
(C) Yes, it's been a pleasure.

和訳

女性：この花はロビー用ではないのですか。

男性：(A) 庭園は素晴らしくないですか。
(B) いいえ、廊下用に買いました。
(C) はい、光栄です。

正解 (B)

　女性が花を指して、男性に「この花はロビー用ではないのか」とたずねている場面です。それに対して、正解 (B) では「(ロビーではなく) 廊下用に買った」と回答しています。

　(A) は flowers と garden を結びつけた連想のヒッカケです。(C) の it's been a pleasure (it has been a pleasure) は直訳すると「これまで光栄でした」で、ビジネス会話の相手との別れの場面での定番表現なので覚えておきましょう。

ワンポイントアドバイス

　問いかけ文に使われている否定疑問文は初中級者が苦手としている構文の1つです。その中でも、Aren't these の組み合わせは聞き取りが難しいため、上級者でも聞き逃してしまいがちです。Aren't の t が these とつながっている様子を意識しながら、5回繰り返して聞き込んでおきましょう。

15.

スクリプト

Man: We don't have to submit our reports until Friday, do we?

Woman: (A) I only have one.
(B) That's the deadline I was given.
(C) I report to Ms. Jones.

和訳

男性：報告書は金曜日まで提出する必要はありませんよね。

女性：(A) 1つだけ持っています。
(B) それが締め切りだと言われていました。
(C) 私は Jones さんの直属です。

正解 (B)

　男性は「金曜日までは報告書の提出をする必要がない」と思っており、それを女性に確認している場面です。正解 (B) では、女性が「自分はそれ（金曜日）が締め切りと言われていた」と答えています。

　(A) は、one が報告書のことだとしても、金曜日までに提出という発言には結びつかないので不正解です。(C) は reports（名詞）と report（動詞）を使った音のヒッカケです。

　👤 ワンポイントアドバイス

　report は「報告する」という意味なので、〈report to 人〉でその人は上司であることを意味しています。この他、report には「出向く」という意味もあり、TOEIC では report to work で「出勤する」という意味でも出題されるので覚えておきましょう。

16.

⬛ スクリプト

Man: There's a large truck parked in front of the building.

Woman: (A) It's popular with families on weekends.
(B) When they get here.
(C) That'll be the furniture I ordered.

⬛ 和訳

男性：大型トラックが建物の正面に駐車されています。

女性：(A) それは週末に家族に人気があります。
(B) 彼らがここに到着する時です。
(C) それは私が注文した家具でしょう。

正解 (C)

　男性は、トラックが停車しているという状況を述べています。それに対して女性が、トラックに積まれている荷物について「それは私が注文した家具だ」と答えている (C) が正解です。問いかけ文の内容から場面を想像して、それをリテンションさせて解答する必要のある難問です。

　(A) は parked と park を結びつけ、さらに公園は家族に人気があるという連想を引き起こす錯乱肢です。(B) はトラックが到着している状況と、get here (到着する) を結びつけています。

👨 ワンポイントアドバイス

　問題を間違えたら、なぜ正解できなかったかを考えてみてください。このタイプの問いかけ文は平叙文と呼ばれ、疑問文ではないので、第2話者の反応が予測できません。これが

本問の難しいポイントの1つです。「トラックが停車している」という状況と、女性の発言から、「注文した家具をトラックが運んできた」という会話のつながりを見抜く必要があるからです。

しかし、正解を選べなかった理由は本当にそれだけでしょうか。和訳を読んでみるとわかりますが、男性と女性の会話を関連づけるのはそれほど難しいわけではありません。解答の最中に、関連づける処理が追いつかなかったとすると、そもそも問いかけ文が聞き取れていない可能性が十分にあります。

まず、先頭の There's a の音は聞き取れていない学習者が非常に多くいます。これが未知の単語に聞こえてしまうと、there構文だと認識できなくなり、比較的聞き取りやすい後半部分の意味も取れなくなってしまいます。

また、parked が truck を後ろから修飾しているという構造も聞きながら理解できないと、そこで思考停止になってしまいます。

聞き取れなかった単語、英文は答え合わせをした後に繰り返し聞きなおしておきましょう。英文構造がとれなかった場合には、音読をして身体に染み込ませておきましょう。その小さなトレーニングの積み重ねがスコアアップにつながります。

Day 7

定番フレーズを
自分のセリフのように
紡ぎ出してみましょう!

□ **17.** Mark your answer on your answer sheet.

□ **18.** Mark your answer on your answer sheet.

□ **19.** Mark your answer on your answer sheet.

17.

W　M　(◀20)

📛 スクリプト

Woman: Could you help me survey some customers?

Man: (A) I already filled it up.
(B) How long will it take?
(C) I can't remember.

📛 和訳

女性：顧客の調査を手伝っていただけますか。

男性：(A) すでに記入を終えました。
(B) どれくらいの時間がかかりますか。
(C) 思い出せません。

正解 (B)

　女性が男性に顧客の調査を依頼している場面です。正解 (B) で男性は、可否を答える前に調査にかかる時間を確認しています。

　(A) は「調査用紙に記入を終えた」という意味に取れますが、話者たちは調査を実施する側なので不正解です。(C) は何を思い出せないのかが不明で、それが顧客の調査だとしても会話がつながらないので不正解です。

👤 ワンポイントアドバイス

　問いかけ文には、help O do ～という構文が使われています。文法知識として知っていても、また、読んで意味が取れたとしても、リスニングは流れてくる音を聞き取りながら、この構文を理解しなければなりません。自分が苦手な構文を聞き取る力を鍛えるには、自分でその英文を生み出すトレー

ニングが最適です。

　help O do ～を使って自分で新たな英文を作れるのがベストですが、最初はこの問いかけ文をあたかも自分が生み出したように音読するのでも十分効果があります。

> Could you **help me survey** some customers?

　この英文を自分のセリフとして、10回音読してみてください。最初はゆっくりで構いません。慣れてきたら少しずつスピードアップしてみてください。ナレーターと同じ速度で言えるようになったら、もう一度音声を聞きなおしてみてください。きっとクリアに聞こえるようになっているはずです。

✕ 語注

□ **fill up**　～に記入する

18.

 ✕ スクリプト

> *Man:* Why don't we get some professional advice before making a decision?
>
> *Woman:* (A) I'm glad we did.
> (B) Can we afford it?
> (C) Because we were invited.

✕ 和訳

男性: 意思決定をする前に専門的な助言を得てはどうでしょう。

女性:（A) やることができて嬉しいです。
　　（B) それをやる余裕がありますか。
　　（C) なぜなら招待されたからです。

正解 (B)

男性が女性に「専門的な助言を得てはどうか」という提案をしている場面です。それに対して女性が、その余裕があるのか、つまり金銭的、時間的に余裕があるかという確認をしている (B) が正解です。

(A) は何をやることができたのかが不明で会話としてつながらないので不正解です。(C) は why don't we で理由を問うていると勘違いした人に対する錯乱肢です。

 ワンポイントアドバイス

Why don't we get some professional advice before making a decision?

why don't we は何かを相手に提案する時の定番フレーズで、パート2、3にも頻出です。話者になりきって、自分がこのセリフを紡ぎ出しているように音読しておきましょう。

語注

□ **afford** 動（金銭的に、時間的に）〜をする余裕がある

19.

 スクリプト

Man: Can I borrow your screwdrivers for an hour or two?

Woman: (A) Just put them back when you're done.
(B) Yes, they did in either May or June.
(C) That's what they told me, too.

和訳

男性：あなたのネジ回しを1時間か2時間お借りできますか。

女性：(A) 使い終わったらすぐにお戻しください。
(B) はい、彼らは5月か6月にやり終えました。
(C) それも彼らが私に言ったことです。

正解 (A)

　男性は女性に、ネジ回しを1時間か2時間借りられるかどうかをたずねています。正解の (A) で女性は、「使い終わったらすぐに返してください」と答えているので、すなわち貸し出しできるという意図を伝えていることになります。

　(B) は、問いかけ文の an hour or two が耳に残りやすいことを利用して、それと似た言い回しの either May or June を使った錯乱肢です。(C) は、男性以外の誰かがネジ回しを借りたいと言ってきた状況であるとしても、男性の質問の答えになっていないので会話がつながりません。

Day 8

正解のヒントが
述べられるサインが
聞こえていますか?

☐ **20.** Why is the man at the hotel?

    (A) He is organizing an event.
    (B) He is offering a service.
    (C) He is requesting a refund.
    (D) He is waiting for colleagues.

☐ **21.** Why does the woman apologize?

    (A) A space is now occupied.
    (B) A manager is absent.
    (C) A room rate was incorrect.
    (D) A banquet has ended.

☐ **22.** What does the woman recommend?

    (A) Reading some books
    (B) Taking some brochures
    (C) Making a reservation
    (D) Waiting until next week

スクリプト

Questions 20 through 22 refer to the following conversation.

Man: Hi, I work for Milton Medical, and my organization is considering holding a convention at this hotel in December. Could I speak with the manager of your banquet hall about that?

Woman: I'm sorry, but she's left for the day. In fact, she'll be out of town until early next week. But I can help you.

Man: Great. I was wondering if the hall will be available on December 21 and 22. Also, we'll need 95 rooms for everyone who'll be attending the event.

Woman: I see. Well, the hall is still available. There are enough rooms at the moment as well, but a lot of people have been making bookings recently. So, I suggest you make yours with us soon. And you can cancel within two weeks if you change your mind.

20. 正解 (A)

Why is the man at the hotel?

why で始まる設問には会話の場面を予測するヒントが含まれています。男性がホテルにいる理由が問われているということは、これから流れる会話は男性がホテルにいる場面だ

ということが判明します。

冒頭の男性のセリフ "Hi, I work for Milton Medical, and my organization is considering holding a convention at this hotel in December." 「こんにちは、私はMilton Medicalで働いていて、私の組織は12月にこのホテルで会議を開催することを検討しています」によって、男性がホテルを訪問しているのは会議を開催するためであることがわかります。さらに男性は "I was wondering if the hall will be available on December 21 and 22." 「12月21日と22日にホールが使えるでしょうか」と述べていることから、会議の会場を予約しに来たことがわかるので正解は (A) です。

21. 正解 (B)

Why does the woman apologize?

No. 20で男性がホテルにいる理由が問われ、No. 21で女性が謝っているということから、男性はお客で女性はホテルのフロント係など従業員では、と予測ができます。

男性が "Could I speak with the manager of your banquet hall about that?" 「その件について、宴会場の責任者とお話しできますか」とたずねているのに対して、女性は "I'm sorry, but she's left for the day." 「申し訳ありませんが、彼女は今日のところは帰ってしまいました」と答えているので正解は (B) です。

ワンポイントアドバイス

> I'm sorry, **but** she's left for the day.

but は逆接の接続詞で、前に述べた事とは異なる情報を述べる時に使われます。そして会話としてより重要なのは、but の後に述べられている情報です。問題作成者はその重要な情報が聞き取れているのかどうか問うために、設問を作っています。

つまり、but は「その後に正解のヒントに絡む情報を述べる」というサインに成りえるということです。このサインを意識できるようになれば、リスニング力は1段レベルアップします。

22. 正解 (C)

> What does **the woman** recommend?

女性が勧めている事が問われているので、女性のセリフに注目します。

終盤に女性は "There are enough rooms at the moment as well, but a lot of people have been making bookings recently." 「今のところ部屋数も十分ありますが、最近は多くの人が予約を入れています」と述べ、さらに "So, I suggest you make yours with us soon." 「ですので、お早めにご予約されることをお勧めします」と男性に早めの予約を勧めているので、正解は (C) です。

There are enough rooms at the moment as well, **but** a lot of people have been making bookings recently.

定石どおり、この but の後も正解のヒントのサインに絡んでいます。

語注

- □ **consider** 動 ～を検討する
- □ **convention** 名 会議 ≒ conference
- □ **banquet** 名 宴会
- □ **available** 形 利用可能な
- □ **at the moment** ちょうど今は
  ※ at that moment（あの時は、その時は）
- □ **booking** 名 予約

- □ **organize** 動 （行事など）を準備する
- □ **refund** 名 返金
- □ **colleague** 名 同僚
- □ **occupy** 動 ～を使用する
- □ **brochure** 名 パンフレット

和訳

問題20 ～ 22は次の会話に関するものです。

男性：こんにちは、私は Milton Medical で働いていて、私の組織は12月にこのホテルで会議を開催することを検討しています。その件について、宴会場の責任者とお話しできますか。

女性：申し訳ありませんが、彼女は今日のところは帰ってしまいました。それどころか、来週初めまで出張しています。しかし、私がお伺いすることができます。

男性：いいですね。12月21日と22日にホールが使えるでしょうか。また、イベントに参加される全ての方々のために、95室の部屋が必要です。

女性：承知いたしました。ええと、ホールはまだ空いています。今のところ部屋数も十分ありますが、最近は多くの人が予約を入れています。ですので、お早めにご予約されることをお勧めします。また、予定が変わりましたら2週間以内であればキャンセルも可能です。

20. 男性はなぜホテルにいますか。

    (A) イベントを準備しているから。
    (B) サービスを提供しているから。
    (C) 返金を要求しているから。
    (D) 同僚を待っているから。

21. 女性はなぜ謝っていますか。

    (A) スペースが埋まっているから。
    (B) マネージャーが不在であるから。
    (C) 部屋の料金が間違っていたから。
    (D) 宴会は終了したから。

22. 女性は何を勧めていますか。

    (A) いくつかの本を読むこと
    (B) パンフレットを持って行くこと
    (C) 予約をすること
    (D) 来週まで待つこと

早口ナレーターは英語のリズムで聞き取ろう

　最近は公開テストに登場する早口のナレーターに多くの受験者が苦戦しています。その中でも特に聞き取りにくいのはオーストラリア人男性ナレーターです。そこで本書では本番相当の速度でオーストラリア人ナレーターにセリフを読んでもらっています。この音声ファイルを繰り返し聞き込むだけでも早口ナレーターに慣れることができますが、英語特有のリズムを意識することでさらに学習効果を高めることができます。

> Hi, I **work** for **Milton Medical**, and my **organization** is **considering holding** a **convention** at this **hotel** in **December**. Could I **speak** with the **manager** of your **banquet hall** about that?

　英語のリズムは強くはっきり読まれる語と弱く短めに読まれる語との組み合わせによって生まれます。基本的なルールとしては、work や Milton Medical のような動詞、名詞ははっきり読まれるのに対して、I や for のような代名詞、前置詞は弱く読まれます。この違いを意識して静聴することで英語のリズムが身につき、そのリズム感覚が英語を聞き取る力をサポートしてくれます。

Day 9

待ち受けキーワードを
意識してみましょう！

☐ **23.** Where most likely are the speakers?

    (A) At a library
    (B) In an office
    (C) On a train
    (D) In an elevator

☐ **24.** What does the man say is happening this week?

    (A) A business is being relocated.
    (B) An office carpet is being removed.
    (C) A training session is being planned.
    (D) A facility is being inspected.

☐ **25.** What will the man probably give the woman?

    (A) A party invitation
    (B) A work schedule
    (C) A company address
    (D) A phone number

スクリプト

Questions 23 through 25 refer to the following conversation.

Woman: Good morning, Joe. I haven't seen you on the train for a while. I thought you were taking a later one these days.

Man: I have been, but I'm supposed to be at the office at 8:00 A.M. today. Some movers will get there at that time, and I have to let them in. The company I work for is moving to a bigger office this week.

Woman: I see. Well, we've missed you since you left Donaldson Plastics. Actually, I was looking for your number yesterday, but I don't think I have it. I wanted to invite you to a party we're planning for Harry Smith. He's retiring next month.

Man: Oh, I'd love to go. Let me write down my number for you.

23. 正解 (C)

Where **most likely are** the speakers?

通常、話し手は自分がどこにいるのかをセリフの中で直接言わないので、設問では "Where <u>most likely</u> are the speakers?"「話し手たちはどこにいると<u>考えられますか</u>」のように問われます。セリフの中から話者たちがいる場所を特定するヒントを見つける必要があります。

冒頭の女性のセリフ "I haven't seen you on the train for a while." 「しばらくの間、電車ではお見かけしませんでしたね」、"I thought you were taking a later one these days." 「最近はもっと遅いのに乗っていると思っていました」から、女性と男性は同じ電車に乗り合わせてそこでの会話ではないかと考えることができます。さらに、男性のセリフ "I have been, but I'm supposed to be at the office at 8:00 A.M. today." 「そうだったのですが、今日は午前8時に会社に行かないといけないのです」から2人は通勤途中だと考えるのが自然なので (C) が正解です。

24. 正解 (A)

What does **the man say** is happening **this week**?

正解のヒントは男性が述べるだろうと予測することができます。また、そのセリフの中には this week というフレーズが含まれる可能性が高そうです。本書では、このように設問文の中にある正解のヒントを特定するのに役立つフレーズを**待ち受けキーワード**と呼ぶことにします。

男性は "The company I work for is moving to a bigger office **this week**." 「私が働いている会社は今週、大きなオフィスに引っ越すことになっています」と述べているので、正解は (A) です。

25. 正解 (D)

What will **the man** probably give the woman?

男性の行動が問われているので、男性のセリフに注意しておきます。

女性は "Actually, I was looking for your number yesterday, but I don't think I have it." 「実は昨日、あなたの電話番号を探していたのですが、持っていないと思います」と述べています。それに対して男性は、"Let me write down my number for you." 「私の番号を書き留めておきますね」と述べており、電話番号を書き留めたメモを女性に渡すと考えられるので、正解は (D) です。

語注

□ **for a while**　しばらくの間
□ **be supposed to** *do*　〜することになっている
□ **mover**　名　引っ越し業者

□ **inspect**　動　〜を検査する

和訳

問題23〜25は次の会話に関するものです。

女性：おはようございます、Joe。しばらくの間、電車ではお見かけしませんでしたね。最近はもっと遅いのに乗っていると思っていました。

男性：そうだったのですが、今日は午前8時に会社に行かないといけないのです。その時間に引っ越し業者が来るので、彼らを入れてあげないといけないのです。私が働いている会社は今週、大きなオフィスに引っ越すことになっています。

女性：そうなんですね。そう言えば、あなたが Donaldson Plastics 社を辞めて寂しくなりました。実は昨日、あなたの電話番号を探していたのですが、持っていないと思います。Harry Smith のために計画しているパーティーにあなたを招待したかったのです。彼は来月退職する予定です。

男性：ああ、ぜひ行きたいですね。私の番号を書き留めておきますね。

23. 話し手たちはどこにいると考えられますか。

    (A) 図書館
    (B) オフィス
    (C) 電車
    (D) エレベーター

24. 男性は今週何が起こると言っていますか。

    (A) 会社が移転される。
    (B) 事務所のカーペットがはがされる。
    (C) 研修会が計画されている。
    (D) 施設が検査される。

25. 男性はおそらく女性に何を渡しますか。

    (A) パーティーの招待状
    (B) 仕事のスケジュール
    (C) 会社の住所
    (D) 電話番号

Day 10

会話の流れを
聞き取るように
意識を
集中しましょう！

☐ **26.** What does the woman ask the men about?

    (A) Building construction

    (B) Work assignments

    (C) Photography equipment

    (D) Gardening techniques

☐ **27.** What event will the men attend?

    (A) A professional conference

    (B) A grand opening celebration

    (C) An awards ceremony

    (D) A sports competition

☐ **28.** What are the men concerned about?

    (A) Highway tolls

    (B) Project deadlines

    (C) Delivery delays

    (D) Heavy traffic

スクリプト

Questions 26 through 28 refer to the following conversation with three speakers.

Woman: Are you two working on something that can be done tomorrow instead?

Man 1: I'm writing an article about the city hall building, but it's for next Tuesday's newspaper.

Man 2: I just got back from photographing some local gardens. I haven't been assigned anything else yet, though.

Woman: OK. Then, I want both of you to go to the Skylark Stadium in Glendale. The Bluefin football team is playing now. Get pictures of the game and, after it finishes, ask the coach some questions for an article we'll publish tomorrow.

Man 1: Um… There'll probably be a lot of cars on the highway.

Man 2: Yeah—we might get stuck on the way there. Do you really think we'll make it to the stadium before the game ends?

Woman: I think so. It's Saturday, so there won't be much commuter traffic.

26. 正解 (B)

What does **the woman** ask **the men** about?

woman と men から女性1人と男性2人の会話だということがわかります。

女性は冒頭に "Are you two working on something that can be done tomorrow instead?"「2人は、明日でもできる仕事をしていますか」とたずねているので正解は (B) です。

 ワンポイントアドバイス

話者が3人登場する問題は1回のテストに2セット程度出題されます。2人話者の問題と解き方に違いはありませんが、セリフの回数が増えるために聞き取りの難易度は上がります。3人話者の問題だとわかったら、会話の流れを追うことを普段より意識して音声を聞きましょう。

27. 正解 (D)

> What event will **the men** attend?

男性2人が何のイベントに参加するかが問われています。女性は2人に "Then, I want both of you to go to the Skylark Stadium in Glendale."「じゃあ、2人には Glendale の Skylark スタジアムに行ってもらえますか」と依頼をしています。それに続けて "The Bluefin football team is playing now."「今、Bluefin のフットボールチームが試合をしているのです」と、依頼した場所でフットボールの試合が行われていると述べているので、これを A sports competition「スポーツ大会」と言い換えた (D) が正解です。

28. 正解 (D)

> What are **the men** concerned about?

男性たちが心配していることなので、男性がそれぞれヒントを述べるだろうと予測します。

まず、男性1が "Um… There'll probably be a lot of cars on the highway." 「ええと、幹線道路にはたくさんの車が走っているでしょうね」と幹線道路の渋滞を心配しています。続けて男性2も "Yeah—we might get stuck on the way there." 「そうですね、途中で立ち往生するかもしれませんね」と男性1と同じ心配をしているので、正解は (D) です。

語注

□ **instead** 副 その代わりに

□ **photograph** 動 〜の写真を撮る
   ※第1音節に強勢がある点を確認しておきましょう!

□ **probably** 副 おそらく

□ **stuck** 形 移動できない
   ※get stuck in traffic (交通渋滞に巻き込まれる)
      も重要です!

□ **make it to** 〜に間に合う

□ **commuter** 名 通勤者

□ **toll** 名 通行料

和訳

問題26〜28は3人の話し手による次の会話に関するものです。

女性：2人は、明日でもできる仕事をしていますか。

男性1：市役所の建物についての記事を書いているのですが、来週の火曜日の新聞に載せる予定です。

男性2：私は地元の庭園を撮影して戻ってきたところです。まだ何も割り当てられていません。

女性：そうですか。じゃあ、2人には Glendale の Skylark スタジアムに行ってもらえますか。今、Bluefin のフットボールチームが試合をしているのです。試合の写真を撮って、試合が終わったら、明日発表する記事のためにコーチに質問してきてください。

男性1：ええと、幹線道路にはたくさんの車が走っているでしょうね。

男性2：そうですね、途中で立ち往生するかもしれませんね。本当に試合が終わる前にスタジアムに着けるでしょうか。

女性：着けると思います。今日は土曜日だから、通勤の車はあまりいないでしょう。

26. 女性は男性たちに何をたずねていますか。

    (A) 建物の建設
    (B) 仕事の割り当て
    (C) 写真機材
    (D) 園芸の技術

27. 男性たちはどんなイベントに参加しますか。

    (A) 専門家の会議
    (B) 新規開店のお祝い
    (C) 授賞式
    (D) スポーツ大会

28. 男性たちが心配していることは何ですか。

    (A) 幹線道路の通行料
    (B) プロジェクトの締め切り
    (C) 配送の遅れ
    (D) 激しい交通量

Day 11

意図問題の
解き方の基本を
マスターしましょう!

□ **29.** Why does the woman say, "It's only a few years old"?

    (A) She believes some repairs will be inexpensive.

    (B) She doubts that some figures are correct.

    (C) She thinks that making a purchase is unnecessary.

    (D) She is urging the man to drive very carefully.

□ **30.** How did the man hear about a sale?

    (A) From a coworker

    (B) From an auto mechanic

    (C) From a radio advertisement

    (D) From a television program

□ **31.** What does the woman agree to do?

    (A) Make a delivery

    (B) Visit a business

    (C) Sign a contract

    (D) Call a vendor

■ スクリプト

Questions 29 through 31 refer to the following conversation.

Man: Dianne, the engine in the delivery truck stopped again this afternoon. I'll take it to the auto repair shop on Elm Street, but I think you should buy a new one.

Woman: It's only a few years old. I'm sure the mechanics will be able to figure out the problem and fix it.

Man: OK, but we should visit the dealership on Elm Street anyway. They have a wide selection of both cars and trucks. And according to the radio commercial I heard, they're holding a big sale this month.

Woman: Is that right? Hmm… If we had two trucks, we wouldn't have to worry about missing a delivery if one broke down. All right—let's go there tomorrow.

29. 正解 (C)

Why does the woman say, "**It's only a few years old**"?

意図問題と呼ばれる、やや難易度の高い問題です。女性が "It's only a few years old"「まだ数年しか経っていません」と言った意図が問われています。その意図を見抜くためには、会話の流れを理解する必要があります。

配達トラックが壊れてしまったのを見て男性は "I'll take it to the auto repair shop on Elm Street, but I think you should buy a new one." 「Elm通りの自動車修理工場に持って行きますが、新しいのを買った方がいいと思います」と自分の意見を述べています。それに対して女性は "It's only a few years old" 「まだ数年しか経っていません」と応じているので、まだ新しいトラックを買う必要はないと考えているようです。さらに続けて "I'm sure the mechanics will be able to figure out the problem and fix it." 「整備士が問題を把握して直してくれると思います」と自分の意見を補足しているので正解は (C) です。

　このように、意図問題は引用されているセリフ（本問では "It's only a few years old"）の前後のセリフに正解のヒントが述べられることが多いのが特徴です。

30. 正解 (C)

> How did the man hear about a **sale**?

　待ち受けキーワードは sale です。sale の他に、discount など値引きに関する単語も予測しておくと良いでしょう。
　男性のセリフ "And according to the radio commercial I heard, they're holding a big sale this month." 「ラジオのコマーシャルによると、今月は大きなセールをやっているらしいですよ」から、(C) が正解とわかります。

31. 正解 (B)

> ### What does the woman **agree** to do?

　問われているのは女性が何をすることに同意をしている
かですが、同意をする相手の男性のセリフの中にも正解のヒ
ントがあるかもしれません。

　「新しいトラックを買った方がいい」という男性の意見に
対して、女性は「まだ数年しか経っていない」と否定的です。
それに対して男性はふたたび "OK, but we should visit the
dealership on Elm Street anyway." 「よし、でもとりあえず
Elm通りのディーラーに行ってみましょう」と再提案をして
います。その理由を "they're holding a big sale this month."
「今月は大きなセールをやっているらしいですよ」と説明し
ています。それに女性が "All right—let's go there tomor-
row." 「よし、明日行ってみましょう」と男性の意見に同意を
しているので、正解は (B) です。

語注

- □ **figure out** （解決策など）を考えだす
- □ **fix** 動 〜を修理する
- □ **according to** 〜によると
- □ **worry about** 〜を心配する
- □ **break down** 故障する

- □ **inexpensive** 形 安価な
- □ **figure** 名 数値
- □ **urge A to** *do* A（人）に〜するように促す
- □ **coworker** 名 同僚

✕ 和訳

問題29〜31 は次の会話に関するものです。

男性：Dianne、今日の午後、配達トラックのエンジンがまた止まっ
　　　てしまいました。Elm通りの自動車修理工場に持って行きます
　　　が、新しいのを買った方がいいと思います。

女性：まだ数年しか経っていません。整備士が問題を把握して直して
　　　くれると思います。

男性：よし、でもとりあえずElm通りのディーラーに行ってみましょ
　　　う。車もトラックも品揃えが豊富です。ラジオのコマーシャル
　　　によると、今月は大きなセールをやっているらしいですよ。

女性：そうなんですか。ええと、トラックが2台あれば、1台が故障
　　　しても、配達に間に合わない心配はないですね。よし、明日行
　　　ってみましょう。

29. 女性はなぜ "It's only a few years old" と言っていますか。

　　(A) 修理が安価で済むと思っているから。
　　(B) 数字が正しいことを疑っているから。
　　(C) 購入する必要はないと考えているから。
　　(D) 男性に運転には十分注意するように促しているから。

30. 男性はどうやってセールのことを聞きましたか。

　　(A) 同僚から
　　(B) 自動車整備士から
　　(C) ラジオの広告から
　　(D) テレビ番組から

31. 女性は何をすることに同意していますか。

　　(A) 配達をする
　　(B) 企業を訪問する
　　(C) 契約書にサインする
　　(D) 業者に電話する

Day 12

グラフィック問題の
先読みの仕方を
マスターしましょう!

（27）

Resort Event Space (June 8)	
9:00 A.M.–Noon	Available
Noon–3:00 P.M.	Booked
3:00 P.M.–6:00 P.M.	Available
6:00 P.M.–9:00 P.M.	Available

☐ **32.** What are the speakers planning to do?

    (A) Order some beverages

    (B) Complete some renovations

    (C) Announce a merger

    (D) Launch a product

☐ **33.** What does the man say about the Huntington Beach area?

    (A) It is popular for outdoor activities.

    (B) It is perfect for taking pictures.

    (C) It has several tourist attractions.

    (D) It has a brand-new resort complex.

☐ **34.** Look at the graphic. When will the event most likely begin on June 8?

    (A) At 9:00 A.M.

    (B) At noon

    (C) At 3:00 P.M.

    (D) At 6:00 P.M.

スクリプト

Questions 32 through 34 refer to the following conversation and table.

Woman: David, why don't we announce our new sports drinks at the Magnolia West Resort on June 8? They have a space just for press conferences, and the venue we usually use will be under renovation that month.

Man: Good idea. It's in the Huntington Beach area, where lots of people go to enjoy kayaking and cycling. So, it's perfect for the type of product we'll be releasing.

Woman: According to the resort's Web site, the space is still available at times that day. Here's the schedule.

Man: Well, nine is too early, and the last time slot is a bit late.

Woman: I agree. I'll call the resort now and make a reservation for the time we want.

32. 正解 (D)

What are the speakers **planning to do**?

話者たちが一緒に何かの計画を練っているということは、同僚の会話の可能性が高いでしょう。さらに選択肢まで先読みできれば、同僚同士で何か事業の計画について会話をしている場面だとわかります。

女性は "David, why don't we announce our new sports

drinks at the Magnolia West Resort on June 8?"「David、6月8日に Magnolia West Resort で新しいスポーツ飲料の発表をしませんか」と新製品の発表方法を提案しています。男性も "So, it's perfect for the type of product we'll be releasing."「だから、私たちが発売しようとしているタイプの商品にはぴったりですね」と述べていることから、正解は (D) です。

---

33. 正解 (A)

> What does the man say about **the Huntington Beach area**?

待ち受けキーワードの the Huntington Beach area を聞き漏らさないように会話を注意深く聞きましょう。

男性は "It's in the Huntington Beach area, where lots of people go to enjoy kayaking and cycling."「Huntington Beach 地区にあって、そこはカヤックやサイクリングなどを楽しむ人が多いところです」と述べており、これを "It is popular for outdoor activities."「アウトドア活動に人気がある」と言い換えた (A) が正解です。

🗨 ワンポイントアドバイス

It's in the Huntington Beach area, **where** lots of people go to enjoy kayaking and cycling.

この where は関係副詞で、先行詞を詳しく説明する働きがあります。この英文では先行詞 the Huntington Beach area がどんな場所なのかを、where 以下で説明しています。

　関係副詞を聞き取るのが苦手な方が多く、テスト制作機関もそのことをよくわかっているので、正解のヒントに絡めて出題してきます。逆に言えば、関係副詞が聞き取れるようになればスコアアップにつながるということです。

　聞き取りにくい英文のトレーニングには音読がお勧めです。最初はゆっくりと、そして、where の部分は「どういう所かというと」というキモチで音読してみてください。

34. 正解 (C)

> When will the event most likely begin on June 8?

　図を読みながら回答する必要のある問題です。本書ではこれを**グラフィック問題**と呼ぶことにします。グラフィック問題は先読みの仕方が重要です。設問を読むと、6月8日のいつイベントが始まるかが問われています。次に、選択肢を読みます。

> (A) At 9:00 A.M.
> (B) At noon
> (C) At 3:00 P.M.
> (D) At 6:00 P.M.

　時刻が並んでいます。そして、表を見てみます。

Resort Event Space (June 8)	
9:00 A.M.–Noon	Available
Noon–3:00 P.M.	Booked
3:00 P.M.–6:00 P.M.	Available
6:00 P.M.–9:00 P.M.	Available

選択肢に並んでいた時刻は表の左側に並んでいます。ということは、表の右側の欄にある Available（利用可）、Booked（予約済）が正解を特定するヒントになりそうだということがわかります。

　話者たちは新しいスポーツ飲料の発表の場として Magnolia West Resort を使おうということになり、ウェブサイトでその空き状況を確認しています。男性は "Well, nine is too early, and the last time slot is a bit late."「ええと、9時は早すぎるし、最後の時間帯はちょっと遅いです」と述べているので、(A) At 9:00A.M. と (D) At 6:00 P.M. は正解の候補から外れます。残ったのは (B) At noon、(C) At 3:00 P.M. ですが、表を見ると Noon–3:00 P.M. は Booked（予約済）となっています。ということは、今から予約できるのは 3:00 P.M.–6:00 P.M. のみなので正解は (C) です。

　本問のように2つの条件で正解を絞り込むのが、新傾向のグラフィック問題です。

語注

- □ **press conference**　記者会見
- □ **venue**　名　場所
- □ **release**　動　〜を発売する
- □ **according to**　〜によると

- □ **beverage**　名　飲み物
- □ **merger**　名　合併
- □ **launch**　動　（新製品など）を売り出す
- □ **brand-new**　形　真新しい

和訳

問題32～34は次の会話と表に関するものです。

女性：David、6月8日に Magnolia West Resort で新しいスポーツ
飲料の発表をしませんか。記者会見専用のスペースがあります
し、いつも使っている会場はその月は改装中なのです。

男性：いい考えですね。Huntington Beach 地区にあって、そこはカ
ヤックやサイクリングなどを楽しむ人が多いところです。だか
ら私たちが発売しようとしているタイプの商品にはぴったり
ですね。

女性：リゾートのウェブサイトによると、当日の時間帯はまだ空きが
あります。これがそのスケジュールです。

男性：ええと、9時は早すぎるし、最後の時間帯はちょっと遅いです。

女性：そうですね。今からリゾートに電話して、希望の時間帯を予約
しておきましょう。

Resort Event Space（6月8日）	
午前9:00 – 正午	利用可
正午 – 午後3:00	予約済
午後3:00 – 午後6:00	利用可
午後6:00 – 午後9:00	利用可

32. 話し手たちは何をする予定ですか。

    (A) 飲み物を注文する
    (B) 改装工事を完了する
    (C) 合併を発表する
    (D) 製品を発売する

33. 男性は Huntington Beach 地区について何と言っていますか。

    (A) アウトドア活動に人気がある。
    (B) 写真を撮るには最適である。
    (C) いくつかの観光名所がある。
    (D) 最新のリゾート施設がある。

34. 図を見てください。6月8日のイベントはいつから始まると
考えられますか。
(A) 午前9時から
(B) 正午から
(C) 午後3時から
(D) 午後6時から

♪ 英語を聞き取るための
音のレッスン リスニング力向上の出発点

I'll call the resort now and make a reservation
for the time we want.

　私が主催するリスニング対策講座の初回レッスンで必ず出題し
ている英文の1つです。先頭の2語を空所にして、発話されている
単語を受講者にノートに書いてもらいます。初級クラスでは1割く
らい、中級クラスで3割、800点取得者が参加する上級クラスでも
5割くらいの正解率です。受講後のアンケートには必ず「悔しい」、
「愕然とした」などの感想が並びます。それを読んで講師の私は「しめしめ、初回は大成功」とほくそ笑んでいます。なぜなら、その悔し
さ、無念さが成長のバネになるからです。

　I'll や call は基本単語であるがゆえに使用頻度も多くなります。
特に I'll はパート2、3、4のどこかに毎回必ず登場しているはずで
す。なので、基本単語の音を聞き取れる力は非常に大切です。I'll
はカタカナ英語の「アイル」とは全く異なる音です。あえてカタカ
ナ表記をすると「アゥ」に近い音です。call は「コール」ではなく「コー
ゥ」に近い音です。語尾が ll、l、le の場合はいずれも弱い「ゥ」
として認識することがリスニング力向上の出発点になります。

Day 13

文法知識を
聞き取る力に
応用しましょう!

28

□ **35.** What does the speaker announce?

(A) A decision will be made soon.
(B) A project has been completed.
(C) A laboratory received a grant.
(D) A system will be upgraded.

□ **36.** What does the speaker expect to happen on October 14?

(A) A building will be warm.
(B) A workplace will be noisy.
(C) A workshop will be short.
(D) A researcher will be late.

□ **37.** What will the listeners learn about at Halifax Tech?

(A) A new research method
(B) An air distribution system
(C) Some safety procedures
(D) Some new instruments

スクリプト 🇬🇧 ◀ 28

Questions 35 through 37 refer to the following announcement.

Good morning, everyone. I have a brief announcement to make. Our laboratory's ventilation system is in need of an upgrade. So, on October 14, new heating and air conditioning units will be installed around the building. We expect there'll be a lot of noise during the work, and I don't want that to interfere with your research. I've therefore arranged for us to attend a product demonstration that morning, which will take place at the head office of Halifax Tech on Redding Street. They'll be explaining the features of their latest line of microscopes. After it finishes, we'll return here and get back to work. If you have any questions, please let me know. Thank you.

35. 正解 (D)

What does the speaker **announce**?

announce（お知らせ）をするということは、これから話者が複数の人に向かって話をする場面です。トークの最初の方に述べられる内容を聞き漏らさないようにしましょう。

前半で話し手は "Our laboratory's ventilation system is in need of an upgrade. So, on October 14, new heating and air conditioning units will be installed around the building."「私たちの研究室の換気システムは、更新が必要です。そこで、10月14日に新しい冷暖房装置を建物の周りに設置します」と述べているので (D) が正解です。

36. 正解 (B)

> What does the speaker expect to happen on **October 14**?

　October 14 が待ち受けキーワードです。"October four-teenth" と脳内音読して音を確認しておきましょう。

　話し手は October 14（10月14日）に新しい冷暖房装置の設置が行われることを説明して、さらに "We expect there'll be a lot of noise during the work, and I don't want that to interfere with your research."「作業中は大きな音が出ることが予想されますが、皆さんの研究の邪魔にならないようにしたいと思います」と述べており、これを "A workplace will be noisy."「職場が騒がしくなる」と言い換えた (B) が正解です。

37. 正解 (D)

> What will the listeners learn about at **Halifax Tech**?

　"Halifax Tech" が待ち受けキーワードです。

　話し手は "I've therefore arranged for us to attend a product demonstration that morning, which will take place at the head office of Halifax Tech on Redding Street."「そこで、当日の朝、Redding 通りにある Halifax Tech社の本社で行われる製品のデモンストレーションに参加することにしました」と述べています。自社での騒音を避ける目的の提案なので、Halifax Tech 社は他社の名前だと考えられま

す。さらに "They'll be explaining the features of their latest line of microscopes."「顕微鏡の最新機種の特徴を説明してもらいます」と説明をしています。つまり、自分たちはHalifax Tech (They) から新しい顕微鏡について学ぶことができるので正解は (D) です。

🧑 ワンポイントアドバイス

> I've therefore arranged for us to attend a product demonstration that morning, **which** will take place at the head office of Halifax Tech on Redding Street.

この英文はスッキリと聞き取れたでしょうか。ポイントは関係代名詞の which です。英文法が得意な方であれば「先行詞は a product demonstration で、主格の関係代名詞」という解説ができるのではないでしょうか。しかし、文法知識があったとしても、聞き取れるかどうかは別問題です。<u>出題者はパート4で関係代名詞を聞き取れているかどうかを試してきます。</u>この英文を音読して関係代名詞の用法を染み込ませておきましょう。カンマまでを読み終えたら一呼吸置いてから、which が a product demonstration であることを意識しながら音読をしてみてください。

❌ 語注

- [ ] **ventilation** 名 換気
- [ ] **interfere with** ～を妨げる
- [ ] **arrange for A to _do_** Aが～できるよう手配する
- [ ] **feature** 名 特徴
- [ ] **microscope** 名 顕微鏡

□ **distribution** 名 供給、分配

□ **procedure** 名 手順

和訳

問題35 ～ 37 は次のお知らせに関するものです。

皆さん、おはようございます。お伝えしたいお知らせが少しあります。私たちの研究室の換気システムは、更新が必要です。そこで、10月14日に新しい冷暖房装置を建物の周りに設置します。作業中は大きな音が出ることが予想されますが、皆さんの研究の邪魔にならないようにしたいと思います。そこで、当日の朝、Redding 通りにある Halifax Tech 社の本社で行われる製品のデモンストレーションに参加することにしました。顕微鏡の最新機種の特徴を説明してもらいます。デモが終わったら、ここに戻って仕事を再開します。何かご質問があれば、どうぞお聞かせください。ありがとうございました。

35. 話し手は何を発表していますか。

(A) あることがまもなく決断される。

(B) プロジェクトが完了した。

(C) 研究室が助成金を獲得した。

(D) システムが更新される。

36. 話し手は10月14日に何が起こると予想していますか。

(A) 建物が暖かくなる。

(B) 職場が騒がしくなる。

(C) ワークショップが短くなる

(D) 研究者が遅刻する。

37. 聞き手は Halifax Tech で何について学びますか。

(A) 新しい研究方法

(B) 空気供給システム

(C) 安全手順

(D) 新しい機器

Day 14

聞き取れなかった
英文は
キモチを込めて
10回音読
しておきましょう！

□ **38.** What type of organization is this message from?

    (A) A travel agency
    (B) An amusement park
    (C) A recreational club
    (D) A fitness center

□ **39.** What does the speaker imply when he says, "But that's not always possible"?

    (A) Some callers may be unable to participate in certain events.
    (B) A manager may be unavailable during regular office hours.
    (C) Activities are sometimes canceled due to inclement weather.
    (D) An employee is required to work later than usual on some days.

□ **40.** According to the speaker, what can listeners do on a Web site?

    (A) Watch a video
    (B) Read a newsletter
    (C) Download a schedule
    (D) Place an order

✖ スクリプト

29

Questions 38 through 40 refer to the following telephone message.

Thank you for calling Adelaide Outdoor Adventures, which organizes both one-day and multi-day hikes in Southern Australia. A director is generally here at our office and able to take calls on weekdays between 11:00 A.M. and 4:00 P.M. But that's not always possible. Sometimes our whole group is out on a hike! If you would like to leave a message, you can do so after the beep. To find out about our upcoming trips, please visit our Web site. There you can also order any of our custom club t-shirts and sign up for our free e-newsletter, featuring articles and updates on local recreational events. Thanks again.

38. 正解 (C)

What type of organization is this **message** from?

　トークが始まる前の "Questions 38 through 40 refer to the following telephone message." によって、これから流れるのは留守番電話に録音されたメッセージであることがわかります。また、本問では先読みでも設問の message によって留守番電話のメッセージであることがわかります。

　冒頭で "Thank you for calling Adelaide Outdoor Adventures, which organizes both one-day and multi-day hikes in Southern Australia."「南オーストラリアでの日帰りおよび数日間のハイキングを企画している Adelaide Outdoor Adventures にお電話いただき、ありがとうございます」と組

織の説明をしているので正解は (C) です。(A) は紛らわしいですが、話者は "our custom club t-shirts"「(当) クラブオリジナルのTシャツ」と述べているので不正解です。

 ワンポイントアドバイス

> Thank you for calling Adelaide Outdoor Adventures, **which** organizes both one-day and multi-day hikes in Southern Australia.

which は Adelaide Outdoor Adventures を先行詞とする関係代名詞です。問題作成者は正解のヒントが含まれている英文の関係代名詞が聞き取れているかどうかを試してきます。カンマで一呼吸置いてから、which に「(Adelaide Outdoor Adventures) はどんな会社かというと」というキモチを込めて10回音読しておきましょう。

39. 正解 (B)

> What does the speaker imply when he says, **"But that's not always possible"**?

先読みで引用部分の意味を理解しておきましょう。直訳すると「しかし、それはいつも可能ではない」で、トークで何ができないと述べられるのかを聞き取るようにします。

引用文の前で "A director is generally here at our office and able to take calls on weekdays between 11:00 A.M. and 4:00 P.M."「平日の午前11時から午後4時までは、通常、部長が事務所におりますので、電話に出られます」と普段で

きることが述べられ、引用文の後では "Sometimes our whole group is out on a hike!" 「グループ全員でハイキングに出かけている時もあります」と、場合によってはできないことが述べられているので正解は (B) です。

40. 正解 (D)

> **According to the speaker**, what can listeners do on a Web site?

カンマの前は解答には必要ない情報なので、ここは読み飛ばして先読みして構いません。

"There you can also order any of our custom club t-shirts and sign up for our free e-newsletter, featuring articles and updates on local recreational events." 「クラブオリジナルのTシャツを注文したり、地元のレクリエーション・イベントに関する記事や最新情報を掲載した無料の電子版ニュースレターに登録することもできます」の There はその前の our Web site を示しているので、正解は (D) です。

語注

- □ **organize** 動 〜を手配する
- □ **sometimes** 副 時には
  - ※sometimeと間違えないように!
- □ **whole** 形 全部の
- □ **feature** 動 〜を特集する

- □ **participate in** 〜に参加する ≒attend
- □ **due to** 〜が原因で
- □ **inclement weather** 悪天候

和訳

問題38～40は次の電話のメッセージに関するものです。

南オーストラリアでの日帰りおよび数日間のハイキングを企画して
いる Adelaide Outdoor Adventures にお電話いただき、ありがとう
ございます。平日の午前11時から午後4時までは、通常、部長が事
務所におりますので、電話に出られます。<u>しかし、それはいつも可能
ではありません。</u>グループ全員でハイキングに出かけている時もあり
ます。メッセージを残したい場合は、ビープ音の後にメッセージを残
すことができます。今後の旅行については、当社のウェブサイトをご
覧ください。クラブオリジナルのTシャツを注文したり、地元のレク
リエーション・イベントに関する記事や最新情報を掲載した無料の電
子版ニュースレターに登録することもできます。ありがとうございま
した。

38. このメッセージはどのような組織からですか。

　(A) 旅行会社
　(B) アミューズメントパーク
　(C) レクリエーションクラブ
　(D) フィットネスクラブ

39. 話し手は "But that's not always possible" という発言で、
何を示唆していますか。

　(A) 電話をかけた人の中には、特定のイベントに参加できな
　　　い人がいるかもしれない。
　(B) マネージャーが通常の営業時間内に不在の場合がある。
　(C) 悪天候のためにアクティビティが中止になることがある。
　(D) 従業員が通常より遅くまで働かなければならない日がある。

40. 話し手によると、聞き手はウェブサイトで何ができますか。

　(A) ビデオを見る
　(B) ニュースレターを読む
　(C) スケジュールをダウンロードする
　(D) 注文をする

Day 15

図表をしっかり
先読みしてから
音声を
流してみてください！

http://www.dakotasupplies.com/toners

**Xerona 8X-9 Photocopier
Toner Cartridges**

Cyan	$26.00	Order
Magenta	$26.00	Order
Yellow	$26.00	Order
Black	$26.00	Order

☐ **41.** Why is the speaker asking for a favor?

(A) He made a scheduling error.

(B) He is on a business trip.

(C) He ordered the wrong product.

(D) He forgets to return a call.

☐ **42.** Look at the graphic. Which color of toner will Roger order?

(A) Cyan

(B) Magenta

(C) Yellow

(D) Black

☐ **43.** What does the speaker say Roger will need?

(A) A tracking number

(B) A key to a storeroom

(C) A mailing address

(D) A credit card number

スクリプト

Questions 41 through 43 refer to the following telephone message and Web page.

Hi, Roger. I'm calling to ask a favor because I'm away on business and won't be back to the office until next week. One of the toner cartridges in our photocopier was nearly empty before I left. I forgot to order a new one, so could you do that, please? We buy them from Dakota Supplies, and I'm looking at their online catalog now. There's a product list of toners for the Xerona 8X-9 machine. The one we need is second from the bottom. Don't bother ordering replacements for the other colors, as we have enough of them in the storage room. Oh, and Lisa Eckhart keeps the company credit card locked in her desk. You'll need to ask her for the number so you can make the purchase. Thank you.

41. 正解 (B)

Why is the speaker asking for a **favor**?

この favor は「助け」という意味の名詞で、設問では話し手がなぜ助けを求めているのかが問われています。

冒頭のセリフ "I'm calling to ask a favor because I'm away on business and won't be back to the office until next week." で「私は出張で来週まで事務所に戻れないので、お願いがあって電話しました」が直接的なヒントになっており、正解は (B) です。

42. 正解（C）

> Which color of toner will **Roger** order?

　選択肢に色の名前が並んでいるのを確認し、ウェブページを見ると色の名前の列の右には価格の欄があります。基本的なグラフィック問題であれば、この価格が色毎に異なっていて、トークの中の価格から色を特定しますが、本問では同じ価格が並んでいる応用問題なので、集中力を１段上げておきましょう。

　また Roger が誰なのかをトークの中で特定しましょう。話し手、聞き手、トークの中に出てくる第三者の可能性があります。

　冒頭の "Hi, Roger." で、聞き手が Roger で確定です。話し手は "One of the toner cartridges in our photocopier was nearly empty before I left."「うちのコピー機のトナーカートリッジの１つが、私が帰る前にほぼ空になっていました」と状況を説明しています。それに続けて "I forgot to order a new one, so could you do that, please?"「新しいものを注文するのを忘れていたので、注文をお願いできますか」と聞き手 (Roger) に依頼をしています。

　そして "The one we need is second from the bottom."「私たちが必要としているのは、下から２番目のものです」と述べているので、ウェブページの下からの２番目 (C) Yellow が正解です。

43. 正解 (D)

What does the speaker say Roger will need?

トークの終盤で話し手は "Oh, and Lisa Eckhart keeps the company credit card locked in her desk." 「それと、Lisa Eckhart が会社のクレジットカードを机の中に入れています」と述べています。それに続けて "You'll need to ask her for the number so you can make the purchase." 「彼女に番号を聞いてから購入してください」と述べていることから、聞き手 (Roger) はトナーを購入するためにクレジットカード番号が必要なので、正解は (D) です。

✖ 語注

- □ **nearly** 副 ほとんど
- □ **bother** *doing* わざわざ〜する
- □ **make the purchase** 購入する

- □ **tracking** 名 追跡

✖ 和訳

問題41〜43は次の電話のメッセージとウェブページに関するものです。

こんにちは、Roger。私は出張で来週まで事務所に戻れないので、お願いがあって電話しました。うちのコピー機のトナーカートリッジの1つが、私が帰る前にほぼ空になっていました。新しいものを注文するのを忘れていたので、注文をお願いできますか。うちは Dakota Supplies 社で購入していて、今そこのオンラインカタログを見ています。Xerona 8X-9機用のトナーの製品リストがあります。私たちが必要としているのは、下から2番目のものです。他の色の代替品は倉

庫に十分あるので、わざわざ注文する必要ありません。それと、Lisa Eckhart が会社のクレジットカードを机の中に入れています。彼女に番号を聞いてから購入してください。よろしくお願いします。

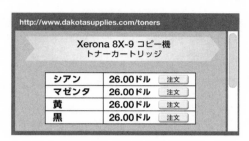

41. 話し手はなぜ頼み事をしていますか。

(A) スケジュールを間違えてしまったから。
(B) 出張中であるから。
(C) 間違った製品を注文したから。
(D) 電話をかけ直すのを忘れたから。

42. 図を見てください。Roger はどの色のトナーを注文しますか。

(A) シアン
(B) マゼンタ
(C) 黄色
(D) 黒

43. 話し手は Roger に必要なものは何だと言っていますか。

(A) 追跡番号
(B) 物置の鍵
(C) 郵送先住所
(D) クレジットカードの番号

Kenta さんはリスニングが大の苦手で、リスニングの勉強をいくらやってもスコアが伸びないという状況が続き、セミナー後に私のところに相談にやって来ました。聞いてみると、リスニングの勉強は問題演習のみで、答え合わせと解説を読むだけだったようです。セミナーで実施したディクテーションの結果を Kenta さんに見せてもらうと、予想通り、where、there、I'll など基本単語が全く聞き取れていませんでした。そこで、私は Kenta さんに1ヶ月後のセミナーまでに以下の課題を出しました。

- ▶ 毎日1問、パート2のディクテーションを行う
- ▶ カタカナで書き取っても良いので全語を書き取る
- ▶ これ以上聞いても聞き取れない限界まで繰り返し聞く

1ヶ月後、Kenta さんはディクテーション用のノートを持って私のところにやってきました。満面の笑みで近づいてくるので、話を聞く前に Kenta さんの耳にどんな変化が起こったのかを察することができました。「ある日から耳が通った気がする」という彼の言葉が印象的でした。「耳掃除をしていなかったのですね」と私はジョークで返したのですがそれはスルーされ、これからはパート3、4のディクテーションもやりたいという力強い申し出がありました。この時点で、Kenta さんのスコアアップ、それもかなりの大ジャンプを私は確信しました。

8ヶ月後、リスニングスコアで455点、トータルスコアでも目標の860点を超えたという連絡をいただきました。Kenta さんにスコアアップの極意をたずねてみたところ、「自分の耳で聞こえた音が正しい音」という言葉を100パーセント信じて、ひたすらディクテーションを続けたことだと言い切っていました。リスニングの基礎力強化にはディクテーションが効果バツグンです。

Round 2

3分の1を
通過です!

Day 1

やや難易度の高い
問題に
チャレンジ！

☐ **1.**  (31)

☐ **2.**  (32)

1.

スクリプト

 (31)

(A) Some vegetables are being sorted by type.
(B) Some merchandise is being displayed in the store.
(C) A shopping cart is being pulled down an aisle.
(D) A meal has been set on a counter.

和訳

(A) 野菜が種類別に分類されているところである。
(B) 果物が店内に展示されている。
(C) ショッピングカートが通路で引かれている。
(D) カウンターの上に食事が置かれている。

正解 (B)

(A) は、写真には野菜のようなものが写っており、種類別に分類されていますが、現在進行形の受動態なので人が分類している最中でなければ正解になりません。現在完了形の受動態を使って Some vegetables have been sorted by type. であれば正解でした。正解の (B) も現在進行形が使われていますが、display は「展示中」という状態を表す動詞なので、現在進行形の受動態で人が写っていなくても、正解になる特殊例です。

現在進行形の受動態、現在完了形の受動態の違いはパート1の重要なテスティングポイントなので、違いが聞き取れるようにしておきましょう。

語注

□ **pull** 動 ～を引っ張る
□ **meal** 名 食事

2.

❎ **スクリプト**

(A) A stairway leads to an archway.
(B) People are sweeping some steps.
(C) Items are propped up against a wall.
(D) The building is under construction.

❎ **和訳**

(A) 階段がアーチにつながっている。
(B) 人々が階段を掃除している。
(C) 物が壁に立てかけられている。
(D) 建物は建設中である。

正解 (A)

　正解 (A) の lead to は人が写っていない写真の問題でよく出題される動詞です。本問の写真では、階段が手前から伸びていて、アーチ型の建物につながっている様子を leads to で表しています。leads to は聞き取りにくい音なので、このナレーターの音をしっかりと聞き込んで耳に染み込ませておきましょう。

　(C) で使われている be propped up against もパート1でしばしば登場します。同類の表現である lean against も合わせて覚えておきましょう。

> Items are leaning against a wall.
> 物が壁に立てかけられている。

❎ **語注**

□ **lead to**　～につながる
□ **be propped up against**　～に立てかけられている

Day 2

トリッキーな問題に
チャレンジ！

□ **3.**  🔊 33

□ **4.**  🔊 34

3.

スクリプト

(A) A plane is taking off from a runway.
(B) An aircraft is being towed by a truck.
(C) Long lines have been painted on a road.
(D) Mountains are visible in the distance.

和訳

(A) 飛行機が滑走路から離陸している。
(B) 飛行機がトラックに牽引されている。
(C) 道路に長い線が描かれている。
(D) 遠くに山が見える。

正解 (D)

写真を先読みするポイントは、写真に大きく写っている目立つものに着目するのが基本です。本問では写真中央に写っている小型飛行機、またはその脇に立っている男性が正解の主語として読まれるだろうと予測します。ところが写真の最奥に写っている山が見えていると表現した (D) が正解になっています。

このように大きく写っている手前の物や人ではなく、奥に写っている物や、目立たず小さく写っている物が正解になるトリッキーな問題も出題されますので、思い込みをしないで写真全体をまんべんなく見るようにしましょう。

語注

□ **runway** 名 滑走路
□ **visible** 形 見える

4.

❌ **スクリプト**

(A) A man is leaning over a podium.
(B) A man is putting on protective gear.
(C) A man is sweeping with a broom.
(D) A man is standing on a platform.

❌ **和訳**

(A) 男性が演台に寄りかかっている。
(B) 男性が防護服を着ているところである。
(C) 男性がほうきで掃除をしている。
(D) 男性が台の上に立っている。

正解 (C)

　本問ではパート1に頻出の難しめの単語を知っているかどうかが試されています。正解 (C) の broom (ほうき) は日常生活の基本単語ですが、TOEIC ではほぼパート1にしか登場しません。(A) の podium は講演会などで発表者の前に置かれる演台の意味で、正解、不正解いずれの選択肢にも登場します。(B) は基本単語の put on の意味が問われています。put on は衣類を着る動作を表すので、すでに防護服を着ているこの写真では不正解です。着ている状態を表すには wear を使う必要があります。

> A man is wearing protective gear.
> 男性が防護服を着ている。

　(D) の platform は、パート1では駅のプラットフォームよりも、商品などが並べられる周囲より少し高い台の意味で出題されます。

Day 3

リッスン アンド リピートで
リテンション力を
鍛えましょう!

☐ **5.** Mark your answer on your answer sheet.

☐ **6.** Mark your answer on your answer sheet.

☐ **7.** Mark your answer on your answer sheet.

5.

スクリプト

Woman: Why have you printed out so many copies of the employee handbook?

Man: (A) Don't we need this many?
(B) About a hundred, if you can.
(C) On page 42.

和訳

女性：あなたはなぜ従業員手帳をそんなに多く印刷したのですか。

男性：(A) こんなにたくさん必要ないですか。
(B) 可能であれば、100くらいです。
(C) 42ページです。

正解 (A)

　従業員手帳をたくさん印刷した理由が問われています。それに対して、正解 (A) では理由を直接答えず、こんなにたくさん必要はなかったのか、と質問で答えています。

　この問いかけ文は12語とパート2ではやや長めの英文です。リスニング力が弱いと、後半部分だけが耳に残ってしまい、問題作成者はそこを突いてきます。

　(B) は employee handbook の印刷をこれからする場面であると勘違いした人に対する錯乱肢です。(C) は employee handbook だけが耳に残った人に対する錯乱肢です。

ワンポイントアドバイス

　問いかけ文の長さが11語を超えると聞き取りの難易度が上がります。長めの問いかけ文を苦手としている方は、リッ

スンアンドリピートでリテンション力を鍛えましょう。問い
かけ文を聞き取ったら音声ファイルをそこで止めて、聞き取
った英文を自分で発話します。最初は難しいかもしれません
が、何度も繰り返して一文が言い切れるまで頑張ってみまし
ょう。確実にリテンション力が上がりますよ!

6.

 スクリプト

Woman: I can spare about an hour this afternoon.

Man: (A) That's not ours.
(B) How about tomorrow?
(C) I have a pair right here.

和訳

女性:今日の午後は約1時間の余裕があります。

男性:(A) それは私たちのものではありません。
(B) 明日はいかがでしょうか。
(C) ちょうどここに一組あります。

正解 (B)

平叙文を使ったやや難しめの問題です。女性が「今日の午
後に余裕がある」と自分の予定を述べているということは、
何かの約束をいつにするか話している場面では、と気づける
かどうかがポイントです。正解 (B) では男性は、「(今日の午
後ではなく)明日ではどうか」と提案をして会話をつなげて
います。

(A) は hour と ours、(C) は spare と pair を使った音のヒ
ッカケです。

語注

□ **spare** 動（人に時間など）を分けあたえる

※I can spare ～は相手に都合を聞かれた場面で、限られた時間であれば大丈夫ですと答えるときの定番フレーズです。相手に対して、それ以上の時間を要するのであれば困りますと暗に伝えています。逆に、相手に少し時間をいただきたいと提案する以下のフレーズも日常会話の定番で、パート2にも出題されるので覚えておきましょう。

Could you spare me a few minutes?
ちょっとお時間をいただけませんか。

7.

スクリプト

Man: Would you like to take pictures at our next product launch?

Woman: (A) Yes, I liked it very much, too.
(B) That'll be in Hong Kong, right?
(C) Thanks, but I've already had lunch.

和訳

男性：次回の製品発表で写真を撮りたいですか。

女性：(A) はい、私もそれが大好きでした。
(B) それは香港でですよね。
(C) ありがとうございます、でも私はすでに昼食をいただきました。

正解 (B) ▪▪▪

　本番のテストで選択肢を全て聞き終えても「正解がない！」と思うのは、このタイプの難問です。問いかけ文では写真を撮りたいかどうかが問われているので、ストレートに答えるのであれば、Yes（撮りたい）、No（撮りたくない）です。少しひねった回答としては、Let me check with my schedule.（スケジュールを確認させてください）など、一旦保留するのが正解の定番です。ところが、本問の正解 (B) は、それが香港で行われるのかどうかを聞き返しています。それ (That)とは製品発表のことだとすれば、自然な会話としてつながります。

　(A) は it が製品発表で写真を撮ることだと解釈しても、「私も好きだった」では会話がつながらないので不正解です。(C) は launch と lunch を使った音のヒッカケです。

　🧑 **ワンポイントアドバイス**

　かなりの上級者でないと、自信を持って (B) を選べません。テスト中に (B) が正解かどうかを迷ったら、すぐにマークをせずに一旦保留にしておいて、(C) まで聞き終えてから消去法で正解を選ぶようにしてください。(A) と (C) が不正解と見抜ければ (B) で確定ですが、もし (C) だけしか不正解と見抜けなかったとしても、2択に絞れれば50パーセントの確率で正解を選ぶことができます。

　❌ **語注**

　□ **product launch**　製品発表、発売
　　※launchの音はカタカナ英語の「ラウンチ」ではなく、「ローンチ」に近い音 /lɔːntʃ/ であることに注意してください！

Day 4

まとめて読まれる
定番フレーズは
ひとかたまりの音として
覚えましょう!

☐ **8.** Mark your answer on your answer sheet.

☐ **9.** Mark your answer on your answer sheet.

☐ **10.** Mark your answer on your answer sheet.

8.

スクリプト

Woman: How long are you planning to stay in Montgomery?

Man: (A) I have to be back at work on Monday.
(B) As long as you discuss it with a manager.
(C) Well, I've been on a few of them.

和訳

女性：Montgomery にはどれくらい滞在する予定ですか。

男性：(A) 月曜日には仕事に戻らないといけません。
(B) 管理職者と相談すれば大丈夫です。
(C) ええと、そのいくつかに参加しています。

正解 (A)

　どれくらいの期間 Montgomery に滞在するかが問われ、正解 (A) では「月曜日には仕事に戻らなければならない」と回答しています。話者たちは同僚で、これから休暇で Montgomery に出かける予定の男性に女性が休暇の予定をたずねている場面をイメージするとよいでしょう。

　(B) は、(A) を聞いた後、休暇の期間について上司に相談しているなどと深読みすると正解に思えてしまいますが、会話がかみあっていないので不正解です。(C) は休暇中のアクティビティについて答えているようですが、会話としてつながっていないので不正解です。

語注

□ **as long as** 〜である限り

9.

❌ スクリプト

Man: Where can I find a photocopy machine?

Woman: (A) Actually, it's my turn to make coffee.
　　　　(B) I'll be sure to look it over.
　　　　(C) I'm new here myself.

❌ 和訳

男性：コピー機はどこにありますか。

女性：(A) 実はコーヒーをいれるのは私の番です。
　　　(B) 目を通すようにします。
　　　(C) 私自身、ここの新人です。

正解 (C)

　コピー機のある場所をたずねているので、職場で同僚に話しかけている場面などでしょう。正解 (C) で女性が「自分もここの新人である」と回答しているということは、「自分はまだ職場のことがよくわかっていないので、コピー機の場所を知らない」という意図を伝えています。

　(A) は photocopy と coffee を使った TOEIC 定番の音のヒッカケです。p と f の音の違いが聞き分けられないと、似た音に聞こえてしまいます。(B) は look it over を「向こうの方にコピー機がある」という意味にとらえると正解に思えてしまいますが、look over は「書類などに目を通す」という意味なので不正解です。

 ワンポイントアドバイス

Where can I find a photocopy machine?

where can I は 1 つの単語のように一息で読まれます。単語単位の音しか記憶していないと、文頭で思考停止になってしまい、後半も聞き取れなくなってしまいます。ナレーターの発音をよく聞いて、自分でも真似して口に出してみましょう。たったこれだけのトレーニングで、クリアに聞こえるようになります。

語注

□ **actually** 副 実は

□ **turn** 名 番、順番

□ **be sure to *do*** きっと〜する

※命令文で以下の英文もパート2に出題されます。

Be sure to return the book tomorrow.

必ず明日、その本を返してください。

10.

スクリプト

Woman: You usually get to the office before anyone else, don't you?

Man: (A) I'll get it in a minute.

(B) Yes, I've been there before.

(C) Only on Tuesdays.

和訳

女性：いつも誰よりも早く会社に出社していますよね。

男性：(A) すぐに取りに行きます。

(B) はい、そこに以前に行ったことがあります。

(C) 火曜日だけです。

　問いかけ文を聞き取り、女性が早く出社している職場の同僚に話しかけている場面を思い浮かべられると解きやすかったでしょう。正解 (C) で、男性は「(いつも早く出社しているわけではなく) 火曜日だけである」と答えています。問いかけ文の usually に対して only で答えていることで会話がつながっていることに気づけるかどうかがポイントです。

　(A) は get to と get it in の音のヒッカケです。(B) は before を使った音のヒッカケで、there が office だと考えたとしても会話がつながりません。

語注

□ **usually**　副　いつも、普通は
　　※always も「いつも」と訳されることがありますが、always は usually よりも頻度が高い状況を表します。

□ **in a minute**　すぐに

Day 5

聞こえたままの音で
カタカナ英語の音を
上書きして
いきましょう!

☐ **11.** Mark your answer on your answer sheet.

☐ **12.** Mark your answer on your answer sheet.

☐ **13.** Mark your answer on your answer sheet.

11.

✖ スクリプト

Man: Can I make an international call from my hotel room?

Woman: (A) There will be an extra fee.
(B) OK, I'll call tomorrow.
(C) I doubt it'll cost more than that.

✖ 和訳

男性：ホテルの部屋から国際電話をかけられますか。

女性：(A) 追加料金がかかります。
(B) 大丈夫、あす電話します。
(C) それよりもっとコストがかかるのか疑わしいです。

正解 (A)

　部屋から国際電話がかけられるかという問い合わせに対して、正解 (A) では追加料金を払えばかけられると答えています。(B) は call を使った音のヒッカケです。(C) は、(A) を聞いた後、国際電話は料金が高いというイメージによって誘導されてしまう錯乱肢です。

😊 ワンポイントアドバイス

There will be an extra fee.

　国際電話をかけられるかどうかには直接的に回答していませんが、一般の通話料に加えて料金がかかるのは常識的な設定なので決して選ぶのが難しい選択肢ではありません。それでもこれが選べなかった、あるいは消去法でしか選べなかったとしたら、There will be の部分の音が聞き取れていな

い可能性が高いです。特にthereの音をカタカナ式の「ゼア」で記憶していると、対応ができません。スペルを一旦忘れて、聞こえたままの音でカタカナ英語の音を上書きしておきましょう。

⊗ 語注

□ **extra** 形 追加の
□ **doubt** 動 ～を疑う　※bは発音されません!

12.

⊗ スクリプト

Woman: Wouldn't it be best if all our employees attended the training seminar?

Man: (A) He's sure he can come next week.
(B) An 80 percent attendance rate.
(C) We don't have a big enough space.

⊗ 和訳

女性：全従業員で研修会に参加した方が最善ではなかったですか。

男性：(A) 彼はきっと来週来ることができます。
(B) 80パーセントの出席率です。
(C) 十分に大きなスペースがありません。

正解 (C)

　女性は研修会に全従業員が参加した方が良かったのではないかと意見を述べています。つまり、研修会には一部の従業員のみが参加したという状況です。正解 (C) で男性が「十

分なスペースがない」と述べているということは、全従業員を収納できるだけの会場がないので一部の従業員のみを参加させた、という理由を述べています。

(A) は、問いかけ文の all、attended、seminar などを部分的に聞き取ると、来週開催される研修会に参加できる社員の話をしていると誤解してしまいます。(B) は、研修会の出席率が80パーセントだったという意味だとしても、会話としてつながらないので不正解です。

❌ 語注

□ **attendance** 名 出席者、出席者数

13.

❌ スクリプト

Man: Why doesn't my key for the storeroom work anymore?

Woman: (A) Until the store closes.
(B) You'll have to talk to security about that.
(C) It's in the top drawer of my desk.

❌ 和訳

男性：私の倉庫の鍵が使えなくなったのはなぜですか。

女性：(A) 閉店するまでです。
(B) 警備部門にそのことについて話す必要があります。
(C) 私の机の一番上の引き出しにあります。

正解 (B)

上級者向けの難問です。問いかけ文で男性は、鍵が使えな

くなった理由をたずねています。正解 (B) で女性はその理由を直接答えていませんが、警備員に鍵が使えなくなったことを話してみては、という解決策を提案しています。問われている内容を直接答えず第三者を紹介するのは、典型的な正解パターンの1つです。

　(A) は鍵が使えない期限を答えているようにも思えますが、倉庫の鍵が使えないのは店が閉まるまでという状況は不自然です。(C) は鍵のある場所を示していますが、自分の鍵が使えなくなった男性の問いかけには答えていないので、不正解です。

✖ 語注

□ **work** 　動 機能する

※key が機能しないとは、その鍵ではドアなどが開けられないということです。work の o はあいまい母音/ə/の暗い音なので、明るい「ワーク」で覚えているとうっかり聞き漏らしてしまいます。音声ファイルを繰り返し聞いて正しい音をなじませておきましょう!

□ **security** 　名 警備部門

※security guard (警備員) も TOEIC 頻出なので覚えておきましょう!

Day 6

短い単語ほど
音の変化に
注意!!

☐ **14.** Mark your answer on your answer sheet.

☐ **15.** Mark your answer on your answer sheet.

☐ **16.** Mark your answer on your answer sheet.

14.

スクリプト

Woman: How long does it take to get to Roswich Architects from here?

Man: (A) The blueprints look really good.
(B) That depends on what route you take.
(C) I'm sorry, but I don't have time to go there now.

和訳

女性：ここから Roswich Architects 社まで行くにはどれくらい時間がかかりますか。

男性：(A) 設計図は非常によくできているようです。
(B) どのルートを取るかによります。
(C) すみません、今はそこに行く時間がありません。

正解 (B)

how long で Roswich Architects 社までどれくらい時間がかかるのかが問われています。正解 (B) で男性は、それはどのルートを取るかによる、つまり複数のルートがあるので一概には言えないと答えています。

(A) は architects（建築家）から blueprints（設計図）を連想させるヒッカケです。(C) は問いかけ文の後半だけが記憶に残ってしまうと選んでしまうかもしれませんが、会話としてつながらないので不正解です。

ワンポイントアドバイス

> **How long does it take** to get to Roswich Architects from here?

　決して難しい英文ではないですが、語数が長め（12語）なのでリテンション力が問われます。全体をリテンションできないと（C）のような錯乱肢に引っかかってしまいます。how long does it take までをひとかたまりとして覚えておけば、全体でわずか8語の英文として処理できるようになります。まずは音をよく聞いて耳になじませ、その後に自分で音読しておきましょう。

語注

□ **blueprint** 名 設計図
　　※昔の複写機でコピーすると青い図面になったのが語源です!
□ **depend on** 〜によって決まる、依存する

15.

スクリプト

Man: Am I the only one going to the conference in June, or will somebody be accompanying me?

Woman: (A) Yes, they told everyone.
(B) It's an insurance company.
(C) Management hasn't decided yet.

和訳

男性：6月の会議に行くのは私だけですか、それとも誰かが私に
同行しますか。

女性：(A) はい、彼らは全員に話しました。
(B) 保険会社です。
(C) 経営者はまだ判断していません。

正解 (C)

問いかけ文で男性は、会議には自分一人で行くのか、誰か
が同行するのかをたずねています。正解 (C) では、経営者は
どちらにするのかをまだ決めていないと答えています。(A)
は「一人なのか他に人がいるのか」という問いに対して、
everyone (全員) を連想させる錯乱肢です。(B) は accom-
panying と company を使った音のヒッカケです。

語注

□ **accompany** 動 〜に同行する
□ **insurance** 名 保険

16.

スクリプト

Woman: These new computers should last a long
time, shouldn't they?

Man: (A) Oh, but wasn't it the last time?
(B) Well, they're the best on the market.
(C) The computer technician.

和訳

女性：この新しいコンピューターは長く使えるはずですよね。

男性：(A) ああ、でもそれは最後ではなかったですか。
　　　(B) そうですね、それは市場では最高です。
　　　(C) コンピューター技術者です。

正解 (B)

　動詞 last（持続する）の意味がきちんと取れたかどうかが問われる問題です。女性は新しいコンピューターは長く使えるかを確認しており、それに対して正解 (B) で男性は、the best on the market（市場で最高）、つまり、販売されているコンピューターの中では最も長く使えると答えています。

　(A) は問いかけ文の last と選択肢の last（こちらは形容詞）、(C) は computers と computer を使った音のヒッカケです。

👤 **ワンポイントアドバイス**

> These new computers should **last** a long time, shouldn't they?

　last の意味を知っていても聞き取れなかったとしたら、音の変化に対応できなかった可能性があります。last は単体では比較的聞き取りやすい単語ですが、短い単語のため前後の単語と結合して音が変化して、last を認識できなくなってしまいます。音声を聞きなおして last の音の様子を確認しておきましょう。このひと手間の積み重ねがリスニング力アップにつながります。

🔲 **語注**

　□ **market** 名 市場

Day 7

主部が長い英文を
聞き取る力を
強化しましょう!

☐ **17.** Mark your answer on your answer sheet.

☐ **18.** Mark your answer on your answer sheet.

☐ **19.** Mark your answer on your answer sheet.

17.

❌ スクリプト

Man: Did you see the line of people waiting outside the door?

Woman: (A) They're primarily for indoor use, I think.
(B) Tickets to that new musical go on sale today.
(C) An article about a new tablet.

❌ 和訳

男性：人々が列になってドアの外に並んでいるのを見ましたか。

女性：(A) それらは、主に室内用だと思います。
(B) 新しいミュージカルのチケットが本日発売です。
(C) 新しいタブレット端末に関する記事です。

正解 (B)

　問いかけ文で男性は、ドアの外に人が並んでいるのを見たかどうかをたずねています。直接的に答えるのであれば、Yes, I did、又は No, I didn't ですが、新しいミュージカルのチケットが今日発売になると答えている (B) が正解になっています。つまり女性は、あの人々の列は何のためなのかという男性の質問の意図をくんで、回答しています。

　(A) は outside the door と indoor を関連づけたヒッカケです。(C) は新しいタブレット端末を購入するために人々が並んでいるという回答であれば正解でしたが、記事について言及しているだけで会話がつながっていません。

ワンポイントアドバイス

> Tickets to that new musical go on **sale** today.

　この英文を聞き取るポイントはまず、Tickets to that new musical が主部だと理解できたかどうかです。最初に聞こえる Tickets が名詞なのでこれが主語であるのは確定ですが、その後の to を聞き取って、この後に Tickets の修飾部が続くだろうと見越して動詞の go までを聞き取ります。

　次のポイントは go on sale の部分の音です。特に、sale の音をカタカナ英語の「セール」で覚えていると聞き取れなくなってしまいます。sale のように語尾が le の単語は初中級者のリスニング力を試す問題で出題されます。音声ファイルを聞きなおして、go on sale でまとめて覚えておきましょう。

語注

- □ **outside** 前 〜の外で
- □ **indoor** 形 屋内の
- □ **tablet** 名 タブレット端末
  ※錠剤という意味もあります。

18.

スクリプト

Woman: Was the client pleased with the plan you proposed for their event?

Man: (A) Just the client files, please.
(B) Either on May 24 or the following Saturday.
(C) They've requested a few changes.

和訳

女性：お客さんはあなたが提案したイベントの計画に満足して
　　　いましたか。

男性：(A) 顧客のファイルだけお願いします。
　　　(B) 5月24日、または次の土曜日のいずれかです。
　　　(C) 彼らは2、3の変更を要求しています。

正解 (C)

　問いかけ文で女性は、男性が提案した計画の顧客の反応
についてたずねています。正解 (C) で男性は、顧客はいくつ
か変更するように要求したと答えています。

　(A) は client を使った音のヒッカケです。(B) は計画を提
案する日付を答えているようにも聞こえますが、女性はすで
に提案したと述べているので、会話としてつながりません。

語注

□ **be pleased with** 　〜に満足している
　　※be pleased to *do* の語法も重要です。
□ **propose** 動 〜を提案する
　　※propose *doing*/to *do* の語法も覚えておきましょ
　　う!
□ **following** 形 次の　≒next

19.

スクリプト

Man: What time is the shipment supposed to
　　　arrive?

Woman: (A) That's hard to say.
　　　　(B) Yeah, I suppose so.
　　　　(C) We're flying there instead.

和訳

男性：出荷品はいつ到着することになっていますか。

女性：(A) お答えしづらいです。

　　　(B) はい、私はそう思います。

　　　(C) 代わりに飛行機で行きます。

正解 (A)

　問いかけ文では出荷品がいつ届く予定になっているかが問われ、正解 (A) では「それを答えるのは難しい」と回答しています。That's hard to say. は塩対応のようですが、パート2では正解になる確率が高い定番フレーズです。

　(B) は supposed と suppose を使った音のヒッカケです。(C) は「出荷品が航空便で送られてくる」というセリフに聞こえてしまうと正解に思えてしまいます。

🧑 ワンポイントアドバイス

> What time **is** the shipment **supposed to** arrive?

　be supposed to は「することになっている」と訳されますが、実際にはそうなっていないことを暗示しています。この会話では、すでに到着しているはずの出荷品がまだ着いていないという場面が想像できます。

> The shipment **was supposed to** arrive today.

　このように過去形の場合は、本日届くはずの出荷品がまだ届いていない、ということを述べています。

語注

　□ **instead** 副 その代わりに

Day 8

難易度高めの
新傾向問題です!

□ **20.** Where is the conversation taking place?

(A) In a clothing store
(B) In a stationery store
(C) In a supermarket
(D) In a bookshop

□ **21.** What is the problem?

(A) Some merchandise is damaged.
(B) An item is the wrong size.
(C) A device is malfunctioning.
(D) An employee is absent.

□ **22.** What does the woman suggest doing?

(A) Picking a program
(B) Applying for a job
(C) Going to a room
(D) Measuring a parcel

✖️ スクリプト

Questions 20 through 22 refer to the following conversation.

Man: Excuse me. I really like these pants, but they're a bit too long, and the waist is too big. Do you have the same style in a smaller size?

Woman: I'm sorry, sir, but we don't at the moment. We can, however, alter those for you. We'll be closing pretty soon, though, so the alterations won't be done today.

Man: OK. Well, I want to wear them to a job interview on Friday morning, so as long as I can pick them up before that, I'll be happy.

Woman: You can pick them up anytime on Thursday, sir. Now, why don't you follow me to the fitting room, where I'll take your measurements?

20. 正解 (A)

> Where is the conversation taking place?

　会話が行われている場所は会話全体にヒントが述べられることがほとんどです。本問では男性が "I really like these pants, but they're a bit too long, and the waist is too big.「このパンツはとても気に入っているのですが、ちょっと長すぎて、ウエストが大きすぎます」と述べているのが直接的なヒントになっていますが、それ以外のセリフでも、wear

them、fitting room など正解に結びつくヒントが述べられ
ています。

ワンポイントアドバイス

(A) In a clothing store
(B) In a stationery store
(C) In a supermarket
(D) In a bookshop

この選択肢を先読みすれば、店員とお客の会話だろうと予
測をすることができます。

---

21. 正解 (B)

What is the **problem**?

パート3では何かの問題に対して、支援や解決策を提示す
るのが定番の展開です。多くの場合その問題は but、how-
ever などの後に述べられます。本問では男性が "Do you
have the same style in a smaller size?" 「同じスタイルでも
う少し小さいサイズのものはありますか」とたずねたのに対
して、女性が "I'm sorry, sir, **but** we don't at the moment."
「申し訳ございませんが、今のところございません」と回答し
ていることから、(B) が正解です。形容詞 wrong は注文した
品が正しくないという意味の他に、(B) の英文のように「自分
が望んでいるものと異なる」(not the one that you intended
or the one that you really want) という意味もあります。

22. 正解 (C)

What does the woman suggest doing?

No. 20、21の予測と、この設問から、以下の場面を先読み段階で予測することができます。

・店員とお客の会話
・問題が起こる
・女性（店員）が男性（お客）の問題解決をする

男性が気に入ったパンツが品切れという問題に対して、女性は "We can, however, alter those for you." 「ただし、お直しは可能です」と解決策を提案しています。定番パターンなら、これが正解になるのですが、選択肢に該当するものがありません。

最後まで聞くと、女性は Now, why don't you follow me to the fitting room, where I'll take your measurements? 「では、試着室にご案内しますので、そこで採寸をします」と提案しており、これが正解 (C) のヒントになりました。

本問のように解決策が2つ（複数）示され、後の解決策が正解になるパターンも出題されています。定番問題のテスト対策を無効化する問題ですので、注意しましょう。

🗙 語注

□ **waist** 名 腰 ※発音はwasteと同音です!
□ **alter** 動 〜を仕立て直す
□ **alteration** 名 修正
□ **follow** 動 〜の後について行く
□ **measurement** 名 寸法

□ **malfunction** 動 うまく機能しない

□ **parcel** 名 小包

✖ 和訳

問題20～22は次の会話に関するものです。

男性：すみません。このパンツはとても気に入っているのですが、ちょっと長すぎて、ウエストが大きすぎます。同じスタイルでもう少し小さいサイズのものはありますか。

女性：申し訳ございませんが、今のところございません。ただし、お直しは可能です。ただ、すぐに閉店してしまいますので、お直しは今日中にはできません。

男性：そうですか。では、金曜の朝、面接に着て行きたいので、その前に取りに来れたら嬉しいです。

女性：木曜日のいつでも引き取っていただけます。では、試着室にご案内しますので、そこで採寸をします。

20. 会話はどこで行われていますか。

　　(A) 洋服屋
　　(B) 文房具屋
　　(C) スーパーマーケット
　　(D) 本屋

21. 問題は何ですか。

　　(A) 商品が破損している。
　　(B) サイズが合わない商品がある。
　　(C) 機器が故障している。
　　(D) 従業員が休んでいる。

22. 女性は何をしようと提案していますか。

　　(A) プログラムを選ぶ
　　(B) 仕事に応募する
　　(C) 部屋に行く
　　(D) 小包を測る

Day 9

新傾向問題です。
油断をしないで!!

51

☐ **23.** What is the conversation mainly about?

    (A) Specifications for a new product

    (B) Arrangements for a teleconference

    (C) Preparations for a demonstration

    (D) Instructions for new employees

☐ **24.** What does the man tell the woman?

    (A) He can assist her until a meeting begins.

    (B) He has already set up equipment for her.

    (C) He is going to be late for an appointment.

    (D) He was transferred to another department.

☐ **25.** What most likely will the woman do next?

    (A) Schedule a meeting

    (B) Order a cup of coffee

    (C) Distribute handouts

    (D) Ask someone for help

スクリプト

Questions 23 through 25 refer to the following conversation.

Woman: I've just been told that nine additional people will be attending my product demonstration today. More chairs will have to be set up in the conference room.

Man: I have a few minutes to spare before the department meeting at ten-thirty. I can help you get the room ready until then.

Woman: That would be great. Thanks. I have to print out more handouts, set up the projector, and make tea and coffee for our guests, too.

Man: You know, if I were you, I'd ask the new intern to help out. His responsibilities include not only clerical duties but also helping out with meetings and events.

Woman: Good point—I should. In fact, I'll go find out if he can give me a hand now.

23. 正解 (C)

What is the conversation mainly about?

　　従来は会話の流れが追えていれば解答できるタイプの設問でしたが、特定のキーワードを聞き逃すと足元をすくわれてしまう新傾向の問題です。

　　女性の最初のセリフ "I've just been told that nine additional people will be attending my product **demonstra-**

tion today." 「今日の製品デモには、さらに9人が参加すると言われました」に、正解 (C) に直接つながる demonstration が含まれています。この後の椅子や配布物、プロジェクターなどデモンストレーションの準備に関する会話を聞き取れれば (C) を選ぶことができますが、最初のセリフを聞き逃してしまうと、(B) で迷うことになってしまいます。

24. 正解 (A) 🚄

> What does **the man** tell the woman?

男性のセリフに正解のヒントがあると予測します。

男性は "I have a few minutes to spare before the department meeting at ten-thirty. I can help you get the room ready until then." 「10時30分からの部門会議までに数分の余裕があります。それまで部屋の準備をお手伝いできますよ」と申し出ているので (A) が正解です。

25. 正解 (D) 🚄

> What most likely will the **woman** do next?

このタイプの設問のヒントは、女性が述べるのが定番ですが、男性が女性に指示や提案をして、それに女性が応じるパターンも出題されます。

男性は "You know, if I were you, I'd ask the new intern to help out." 「私なら、新しいインターンに手伝ってもらいます」と女性に提案をしています。それに対して女性は "I'll go find out if he can give me a hand now." 「今から手伝えるか彼に確認してみます」と男性の提案に同意しているので正解は (D) です。

 ワンポイントアドバイス

> You know, if I were you, I'd ask the new **intern** to help out.

intern は研修生の意味で、Part 3、4、7によく登場します。2音節で、ストレスは1音節目に置かれることを音声ファイルで確認しておきましょう。

in・tern

語注

- □ **spare** 動 〜を割く
- □ **responsibility** 名 責任
- □ **duty** 名 義務

- □ **specification** 名 仕様
- □ **instruction** 名 指示
- □ **transfer** 動 〜を異動させる
- □ **distribute** 動 〜を配る
- □ **handout** 名 配布資料

和訳

問題23～25は次の会話に関するものです。

女性：今日の製品デモには、さらに9人が参加すると言われました。会議室にもっと多くの椅子を用意しなければなりません。

男性：10時30分からの部門会議までに数分の余裕があります。それまで部屋の準備をお手伝いできますよ。

女性：それは助かります。ありがとうございます。配布資料をもっと印刷して、プロジェクターを設置して、お客さんのためにお茶とコーヒーも用意しないといけません。

男性：私なら、新しいインターンに手伝ってもらいます。事務的な仕事だけでなく、会議やイベントの手伝いも彼の仕事ですから。

女性：いいですね。そうしましょう。実際、今から手伝えるか彼に確認してみます。

23. 会話の内容は主に何についてですか。

    (A) 新製品の仕様
    (B) 電話会議の手配
    (C) デモンストレーションの準備
    (D) 新入社員への指示

24. 男性は女性に何と言っていますか。

    (A) 会議が始まるまで、彼女を支援することができる。
    (B) すでに彼女のために機器を準備している。
    (C) 約束の時間に遅れそうである。
    (D) 別の部署に異動になった。

25. 女性は次に何をすると考えられますか。

    (A) 会議を予約する
    (B) コーヒーを注文する
    (C) 配布資料を配る
    (D) 誰かに助けを求める

Day 10

話題の変化点を
聞き逃さないように!

52

☐ **26.** What will start at two o'clock?

   (A) A celebration
   (B) A meeting
   (C) A tour
   (D) A speech

☐ **27.** What does the woman ask the men to do?

   (A) Use an elevator
   (B) Check a menu
   (C) Call an office
   (D) Sit down

☐ **28.** What does the woman recommend?

   (A) Stopping near Tahoma Bay
   (B) Accessing a Web site
   (C) Asking Mr. Lang a question
   (D) Taking an alternate route

スクリプト

M₁ M₂ W

(◀52)

Questions 26 through 28 refer to the following conversation with three speakers.

Man 1: Good afternoon. We're from Allegra Caterers, and we're here for a meeting to discuss the menu for your company's upcoming banquet next month.

Man 2: That'll be with Mr. Lang in your PR department at two o'clock.

Woman: Thank you for coming. I'll let him know you're here. Can you please have a seat and wait a moment?

Man 1: Sure. Oh, by the way, we took Highway 68 to get here, but two lanes are closed near Tahoma Bay due to construction.

Man 2: Yeah, the traffic was pretty slow. We were wondering if that's the best way to get back to Carson City.

Woman: I suggest using the old highway instead— that's number 18. You can access it a few blocks north of here.

Man 1: Perfect. That's what we'll do.

26. 正解 (B)

What will start at **two o'clock**?

　中上級者向けの問題です。待ち受けキーワードの two o'clock が含まれるセリフに正解のヒントが含まれるのが定

番パターンです。ところが本問では、複数のセリフを関連づけることで正解を特定する必要があります。

まず、男性1が "we're here for a meeting to discuss the menu for your company's upcoming banquet next month." 「来月予定されている御社の宴会のメニューについて、打ち合わせに参りました」と述べています。それに続けて男性2が "That'll be with Mr. Lang in your PR department at **two o'clock**." 「2時に御社の広報部の Lang さんと予定しています」と補足しており、待ち受けキーワードの two o'clock が使われています。この2つのセリフを関連づけることで正解 (B) を特定することができます。

27. 正解 (D)

> What does the woman ask the **men** to do?

この設問を先読みして2つのことが予測できます。ヒントは女性が述べる、女性1人と男性2人の会話である、の2点です。

女性は "Can you please have a seat and wait a moment?" 「お席に座って少しお待ちいただけますか」と提案しているので正解は (D) です。

28. 正解 (D)

> What does **the woman** recommend?

正解のヒントは終盤に女性が述べるだろうと予測します。

来社の際には工事で幹線道路が渋滞していたという状況で、男性2は "We were wondering if that's the best way to get back to Carson City." 「Carson 市に戻るにはその道が最善なのでしょうか」とたずねています。それに対して女性は "I suggest using the old highway instead—that's number 18." 「代わりに旧幹線道路を使うのが良いですよ、18号線です」と提案をしており、これを "Taking an alternate route" 「代わりの道を使う」と言い換えた (D) が正解です。

ワンポイントアドバイス

> Oh, **by the way**, we took Highway 68 to get here, but two lanes are closed near Tahoma Bay due to construction.

ほとんどのパート3では会話の主題は1つですが、本問では前半が2時から予定されている打ち合わせについて、後半では打ち合わせ終了後の帰路について話し合われています。話題の変化点として使われているのが、この by the way です。3人話者の問題ではこのように会話の後半で話題が変更になる問題が出題されます。話題の変化点で使われるフレーズとして by the way の他に anyway、actually が使われることを覚えておくと良いでしょう。

語注

□ **banquet** 名 宴会
□ **instead** 副 その代わりに

□ **alternate** 形 代わりの

和訳

問題26～28は3人の話し手による次の会話に関するものです。

男性1：こんにちは。私たちは Allegra Caterers 社の者ですが、来月
　　　　予定されている御社の宴会のメニューについて、打ち合わせ
　　　　に参りました。

男性2：2時に御社の広報部の Lang さんと予定しています。

女性：ご来社ありがとうございます。彼にあなた方が来たことを伝え
　　　ます。お席に座って少しお待ちいただけますか。

男性1：はい。ああ、そういえば、ここに来るのに68号線を使ったの
　　　　ですが、Tahoma 湾の近くで工事のため2車線が閉鎖されて
　　　　います。

男性2：ええ、交通がかなり遅かったですね。Carson 市に戻るには
　　　　その道が最善なのでしょうか。

女性：代わりに旧幹線道路を使うのが良いですよ、18号線です。ここ
　　　から数ブロック北に行ったところにあります。

男性1：いいですね。そうします。

　26. 2時には何が始まりますか。

　　　(A) 祝賀会
　　　(B) 打ち合わせ
　　　(C) ツアー
　　　(D) スピーチ

　27. 女性は男性たちに何を依頼していますか。

　　　(A) エレベーターを使う
　　　(B) メニューを確認する
　　　(C) オフィスに電話する
　　　(D) 腰掛ける

　28. 女性は何を勧めていますか。

　　　(A) Tahoma 湾の近くに立ち寄る
　　　(B) ウェブサイトにアクセスする
　　　(C) Lang さんに質問する
　　　(D) 代わりの道を使う

Day 11

意図問題の
引用文を
先読みしたら、
聞き取るポイントを
意識して音声を
待ち受けましょう!

53

☐ **29.** What does the man ask about?

    (A) Completing a program

    (B) Purchasing a computer

    (C) Replacing some software

    (D) Reviewing some schedules

☐ **30.** What does the man say he does regularly?

    (A) Checks an inventory

    (B) Travels for business

    (C) Pays a service fee

    (D) Speaks with a director

☐ **31.** What does the man imply when he says, "That's not until next month"?

    (A) He is confident about meeting a deadline.

    (B) He cannot add some events to a schedule yet.

    (C) He believes that a change should be made soon.

    (D) He thinks they should wait to make some plans.

スクリプト

Questions 29 through 31 refer to the following conversation.

Man: Excuse me, Kayla. The scheduling software program we use is over ten years old. Don't you think it's time we replaced it?

Woman: I do, and I also think we should use online software. If our schedules were accessible via the Internet, we could check them from anywhere.

Man: That would be useful to me since I frequently go on business trips. I'd be able to change my schedule while traveling.

Woman: Why don't we bring this up during the next management meeting?

Man: That's not until next month.

Woman: Well, we could go speak with the director now.

Man: Let's do that. Once she hears what we have to say, I'm sure she'll agree that we need something new.

29. 正解 (C)

> What does the **man** ask about?

正解のヒントは男性が述べるだろうと予測します。

冒頭のセリフで男性は "The scheduling software program we use is over ten years old." 「私たちが使っている

スケジュール管理ソフトは10年以上前のものです」とスケ
ジュール管理ソフトについて述べています。さらに続けて
"Don't you think it's time we replaced it?"「そろそろ買い
替えたほうがいいと思いませんか」と買い替えを提案してい
るので (C) が正解です。

30. 正解 (B)

> What does the **man** say he does **regularly**?

regularly（定期的に、よく）が重要な待ち受けキーワード
になります。regularly や同義語の often、frequently などを
含む男性のセリフが正解のヒントになるだろうと予測します。
"That would be useful to me since I frequently go on
business trips."「私はよく出張をするので、それは便利にな
ります」と男性が述べているので (B) が正解です。

31. 正解 (C)

> What does the man imply when he says,
> "**That's** not until next month"?

引用文にある that が何を指しているのか特定するように
意識をして会話の流れを聞き取るのがポイントです。
女性は "Why don't we bring this up during the next
management meeting?"「次の経営会議で提案してみては」
と、スケジュール管理ソフトの買い替えを経営会議に提案す
ることを勧めています。それに対して男性が "That's not

until next month."「それは来月までありません」と答えて
いるので、that は経営会議を示しています。出張中にスケジ
ュール確認ができるようにしたい男性としてはもっと早く買
い替えを提案したいのか、来月まで待とうと示唆しているの
かはこのセリフだけでははっきりしません。そこで次の会話
の流れを追ってみると、女性の "Well, we could go speak
with the director now."「じゃあ、今から部長に相談しに行
きましょうか」という提案に男性は "Let's do that."「そうし
ましょう」と快諾していることから、(C) が正解であると特定
できます。

語注

- □ **accessible**　形 使える
- □ **via**　前 〜によって
- □ **bring up**　（議案など）を持ち出す

- □ **complete**　動 〜を完成させる
- □ **purchase**　動 〜を購入する
- □ **be confident about**　〜に自信を持っている
- □ **deadline**　名 期限

和訳

問題29〜31は次の会話に関するものです。

男性：すみません、Kayla さん。私たちが使っているスケジュール管
理ソフトは10年以上前のものです。そろそろ買い替えたほう
がいいと思いませんか。

女性：そうですね、オンラインソフトを使うべきだとも思います。イ
ンターネットでスケジュールにアクセスできれば、どこにいて
もスケジュールを確認することができます。

男性：私はよく出張をするので、それは便利になります。出張中にスケジュールを変更することもできますね。

女性：次の経営会議で提案してみてはどうでしょう。

男性：<u>それは来月までありません。</u>

女性：じゃあ、今から部長に相談しに行きましょうか。

男性：そうしましょう。私たちの話を聞けば、きっと新しいものが必要だと同意してくれるでしょう。

29. 男性は何についてたずねていますか。

(A) プログラムの完成
(B) コンピューターの購入
(C) ソフトの入れ替え
(D) スケジュールの見直し

30. 男性は定期的に何をしていると言っていますか。

(A) 棚卸しをする
(B) 仕事で出張する
(C) サービス料を支払う
(D) 部長と話す

31. 男性は "That's not until next month" という発言で、何を示唆していますか。

(A) 期限を守ることに自信がある。
(B) まだスケジュールに追加できないイベントがある。
(C) すぐに変更すべきだと考えている。
(D) いくつかの計画を立てるのを待つべきだと考えている。

Day 12

先読み、
予測、
そして集中!!

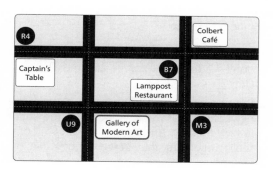

54

☐ **32.** What did the man do last week?

    (A) He read about a business.

    (B) He ordered some dessert.

    (C) He saw an art exhibition.

    (D) He met some customers.

☐ **33.** What problem does the woman mention?

    (A) Her car requires a new battery.

    (B) Her home is far from a business.

    (C) She forgot to bring some tickets.

    (D) She is unable to use her phone.

☐ **34.** Look at the graphic. At which stop will the speakers most likely get off the bus?

    (A) R4

    (B) B7

    (C) U9

    (D) M3

W M
🔊 54

🔀 スクリプト

Questions 32 through 34 refer to the following conversation and map.

Woman: David, before we go to the art gallery, why don't we get some coffee at the Colbert Café?

Man: Sounds good. I read about that place in the newspaper last week. Apparently, the staff is very friendly. And according to some of their customers, they serve the best pie in Boston.

Woman: I'm not sure exactly where it is, and my phone's battery is dead. So, could you use yours to check online which bus stop is closest to the place?

Man: Not at all. Let's see… OK, here's a map with the bus stops on it. We'll get off here. And later, after we leave the gallery, we can board a bus heading west at the U9 stop.

32. 正解 (A)

What did the **man** do **last week**?

男性が待ち受けキーワードの last week を述べるだろう、と予測します。

冒頭のセリフで女性が "David, before we go to the art gallery, why don't we get some coffee at the Colbert Café?" 「David、美術館に行く前に Colbert カフェでコーヒーを飲

みませんか」と提案したのに対して、男性は "I read about that place in the newspaper last week." 「先週、新聞でそのお店の記事を読みました」と答えているので、正解は (A) です。that place が Colbert Café を指していることを会話の流れから理解できているか問う問題です。

33. 正解 (D)

What **problem** does the **woman** mention?

No. 32 の設問から、女性が会話をする相手は男性なので、女性が何か問題を述べ、それに対して男性が手助けをしたり、解決策を示す、という会話の展開を予測します。

女性は "I'm not sure exactly where it is, and my phone's battery is dead." 「その店がどこにあるのかよくわからないし、私の携帯電話のバッテリーも切れています」と述べているので、正解は (D) です。

34. 正解 (B)

At which stop will the speakers most likely get off the bus?

選択肢に並んでいる記号 (R4、B7、U9、M3) は、設問から、バスの停留所を示していることがわかります。地図には記号と店舗らしき名前が記載されています。これらのことから、会話の中で述べられる店名が正解のヒントになるだろうと予測をします。

女性のセリフ "David, before we go to the art gallery, why don't we get some coffee at the Colbert Café?" 「David、美術館に行く前に Colbert カフェでコーヒーを飲みませんか」から、カフェ、美術館の順番に回ろうとしていることがわかります。そして女性は "So, could you use yours to check online which bus stop is closest to the place?" 「そこで、あなたの携帯電話を使って、その場所に一番近いバス停をオンラインで調べてもらえませんか」と依頼をしており、その場所とはカフェであることが会話の流れからわかります。そして、地図を確認するとカフェに最も近いのは B7 なので、正解は (B) です。

ワンポイントアドバイス

会話で述べられている gallery、U9 はいずれも地図に記載されており、正解を惑わすためのトラップです。地図の問題はトラップを避けながら正解のヒントを聞き取らなければならない作りになっていることが多く、難易度は高めです。先読みをして予測を終えたら、地図に2割、音声に8割くらいに注意力を配分して臨むようにしましょう。

語注

□ **exactly** 副 正確に
□ **head** 動 向かう

□ **business** 名 企業
□ **exhibition** 名 展示会

✉️ **和訳**

問題32〜34 は次の会話と地図に関するものです。

女性：David、美術館に行く前に Colbert カフェでコーヒーを飲みませんか。

男性：いいですね。先週、新聞でそのお店の記事を読みました。店員さんがとても親切だそうです。そしてお客さんによると、ボストンで一番おいしいパイを出すそうです。

女性：その店がどこにあるのかよくわからないし、私の携帯電話のバッテリーも切れています。そこで、あなたの携帯電話を使って、その場所に一番近いバス停をオンラインで調べてもらえませんか。

男性：もちろんです。ちょっと待ってください、あった、バス停が書かれた地図はこれです。ここで降りましょう。その後、美術館を出てから、U9停留所で西行きのバスに乗ればいいですね。

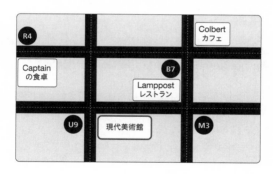

32. 先週、男性は何をしましたか。

　(A) お店のことを知った。

　(B) デザートを注文した。

　(C) 美術展を見に行った。

　(D) 何人かのお客さんに会った。

33. 女性はどんな問題を述べていますか。

(A) 彼女の車は新しいバッテリーを必要としている。
(B) 彼女の家は仕事場から遠い。
(C) 彼女はチケットを持ってくるのを忘れた。
(D) 彼女は携帯電話を使うことができない。

34. 図を見てください。話し手たちはどの停留所でバスを降りると考えられますか。

(A) R4
(B) B7
(C) U9
(D) M3

♪ 英語を聞き取るための
音のレッスン　　キモチを込めた音読

David, before we go to the art gallery, **why don't we** get some coffee at the Colbert Café?

why don't we は相手に対してこれから行う何かを提案、促す定番フレーズで、ここでは女性が男性に対してコーヒーショップに行こうと提案をしています。この冒頭の why don't we が聞き取れないと会話の場面が思い浮かびにくくなるため、下手をすると3問全滅になってしまいます。また why don't we が使われたセリフは、"What does the woman suggest?" や "What will the speakers do next?" などの設問ではしばしば正解根拠となるので、最重要フレーズと言ってもよいでしょう。

この why don't we のような重要フレーズは、単語の集合ではなくひとかたまりの音として認識することで、ぐんと聞き取りやすくなります。文字を見てしまうとどうしてもそれぞれの単語の音を意識してしまうので、まずはスクリプトを見ずに why don't we

の部分だけを集中して聞き取ってみてください。<u>why don't we</u>
<u>を3つの単語の組み合わせとしてではなく、1つの単語のように認</u>
<u>識できればそれだけ音を処理する脳の負担が減り、それ以降の</u><u>get</u>
<u>some coffee at the Colbert Café</u> の部分が聞き取れるように
なっているはずです。

　次にこの why don't we という提案フレーズの意味を自分の頭
に定着させるために、キモチを込めてこの英文を音読しておきまし
ょう。<u>キモチを込めた音読とは、単に単語の音を口から出す棒読み</u>
<u>音読ではなく、話者になりきって、あたかも自分がその英文を紡ぎ</u>
<u>出しているかのように発話することです。</u>

　あなたは同僚の David と美術館に行く予定になっており、その
前に人気のコーヒーショップ Colbert Café に立ち寄りたいと思
っています。この「コーヒーショップに立ち寄りたい」というキモチ
を心に蓄えてから、この英文を音読してみてください。最初はスク
リプトを読みながらでも良いですが、英文を丸ごと暗記してから行
うと、よりリアルに自分がこの英文を作り出しているかのように発
話することができるので、トレーニング効果がより高まります。

　キモチを込めた音読は自分のリスニングの弱点を補強するため
のトレーニングとしても有効です。

> **I read** about that place in the newspaper last
> week.

　この read は過去形なので /riːd/ ではなく /red/ と読まれており、
この基本単語が聞き取れていない方が意外にも多いのです。動詞
read は現在形と過去形のスペルが同じで発音がそれぞれ /riːd/、
/red/ という知識があることと、音を聞いて単語が理解できること
とは別だからです。このような学習者の音の弱点を問題作成者は熟
知しています。その弱点を補強するために、音を繰り返し聞き込む、
キモチを込めて音読するというトレーニングを活用してください。

Day 13

定番シーンの
問題を解いて、
トーク展開、
設問に慣れて
おきましょう!

55

☐ **35.** According to the speaker, what will the listeners see?

    (A) Attractive road signs
    (B) Colorful landscaping
    (C) Unusual rock formations
    (D) Unique architecture

☐ **36.** What does the speaker mention about the Cahill Lodge?

    (A) It is being painted.
    (B) It used to be a home.
    (C) It consists of four stories.
    (D) It was built recently.

☐ **37.** What are the listeners told to consider?

    (A) When to take a group photo
    (B) How long a break should be
    (C) Where they want to go next
    (D) What they would like to eat

✖ スクリプト 🇺🇸 🔊55

Questions 35 through 37 refer to the following talk.

Hello, everyone. Thank you for joining today's walking tour of Springfield's historic district. You'll be seeing a number of buildings that are internationally famous for their unusual designs. Our first stop will be the Cahill Lodge, which is the former residence of this town's first mayor. Now it's a two-floor museum with many artifacts from the area's early settlers as well as some very old paintings. After a couple more stops, we'll head over to the popular Anchors Seafood Restaurant for lunch at 12:30. There you'll have the option of either grilled river trout or baked salmon, so please consider that before we arrive there. OK, let's get started! Please follow me.

35. 正解 (D)

According to the **speaker**, what will the **listeners** see?

speaker（単数）、listeners（複数）から、話し手が複数の聞き手に話をしている状況だとわかります。また、選択肢まで先読みできれば、場所は屋外で、パート4の定番シーンであるガイドツアーではないかと予測することも可能です。

話し手は "You'll be seeing a number of buildings that are internationally famous for their unusual designs."「国際的にも有名な珍しいデザインの建物をご紹介してまいります」と述べており、これを Unique architecture「ユニーク

な建築物」と言い換えた (D) が正解です。

36. 正解 (B)

> What does the speaker mention about the
> **Cahill Lodge?**

待ち受けキーワードの Cahill Lodge に注意を払ってトークを聞きましょう。

話し手は "Our first stop will be the Cahill Lodge, which is the former residence of this town's first mayor." 「最初にご案内するのは、この町の初代市長の住居だった Cahill Lodge です」と述べていることから、Cahill Lodge は元々は市長の家だったことがわかるので (B) が正解です。

37. 正解 (D)

> What are the listeners told to consider?

3つめの設問なので、トーク終盤で話し手が述べるセリフにヒントが含まれるだろうと予測します。

話し手は後半で "There you'll have the option of either grilled river trout or baked salmon," 「そこで川マスのグリルかサーモン焼きのどちらかを選ぶことができますので」と、ツアー参加者はシーフードレストランで昼食を2つのメニューの中から選択できると述べています。それに続けて "so please consider that before we arrive there." 「到着前にご検討ください」とツアー客が検討すべきことを述べてい

るので、(D) が正解です。

ワンポイントアドバイス

　ツアーガイドが客を案内する問題では本問の他に以下の設問が定番です。

　　　What is Cahill Lodge known for?
　　　Cahill Lodge は何で有名ですか。

　　　Where will the listeners probably go next?
　　　聞き手はおそらく次にどこに行きますか。

　　　What can listeners do before they leave?
　　　聞き手は帰る前に何をすることができますか。

語注

□ **historic**　形 歴史上重要な
　　※historical（歴史に関する）との違いに注意!
　　　historical research　歴史研究
□ **floor**　名 （建物の）階
□ **artifact**　名 （歴史的に価値のある）遺物
□ **settler**　名 入植者
□ **trout**　名 鱒（ます）

□ **attractive**　形 目を引く
□ **landscaping**　名 景観
□ **architecture**　名 建築物
□ **consist of**　〜から形成されている
□ **story**　名 （建物の）階

和訳

問題35～37は次の話に関するものです。

皆さん、こんにちは。本日は、Springfield の歴史地区のウォーキングツアーにご参加いただきありがとうございます。国際的にも有名な珍しいデザインの建物をご紹介してまいります。最初にご案内するのは、この町の初代市長の住居だった Cahill Lodge です。現在は2階建ての博物館になっており、初期の入植者の遺品や古い絵画などが数多く展示されています。さらにいくつかの場所を訪れた後、12時30分には人気の高い Anchors シーフードレストランで昼食を取ることになります。そこで川マスのグリルかサーモン焼きのどちらかを選ぶことができますので、到着前にご検討ください。それでは、開始しましょう！ 私の後についてきてください。

35. 話し手によると、聞き手は何を見ますか。

    (A) 目を引く道路標識
    (B) 色鮮やかな造園
    (C) 珍しい岩石層
    (D) ユニークな建築物

36. 話し手は Cahill Lodge について何を述べていますか。

    (A) 塗装中である。
    (B) 以前は家だった。
    (C) 4階建てである。
    (D) 最近建てられた。

37. 聞き手は何を検討するよう言われていますか。

    (A) いつ集合写真を撮るか
    (B) 休憩時間はどのくらいにすべきか
    (C) 次にどこに行きたいか
    (D) 何を食べたいか

Day 14

新傾向の
設問トラップに
ひっかからないように！

☐ **38.** Why did Mr. Evans call the business?

    (A) To provide directions

    (B) To postpone a project

    (C) To request an estimate

    (D) To report a mistake

☐ **39.** Why does the speaker say, "I have some time this afternoon"?

    (A) She can meet with Mr. Evans today.

    (B) She will check some blueprints later.

    (C) She thinks that a situation is urgent.

    (D) She wants to make a delivery soon.

☐ **40.** What does the speaker say her company can do?

    (A) Recommend materials

    (B) Repair electronics

    (C) Lower some prices

    (D) Obtain authorization

✖️ スクリプト　　　　　　　🇬🇧 ◀56

Questions 38 through 40 refer to the following telephone message.

Hello, Mr. Evans? This is Gina McGovern calling from Solanda Builders. Thank you for leaving a message on our answering machine. We understand that you're considering hiring us to build a garage next to your house and would like a quote. To determine the price, I'll have to see the property and sit down with you to go over your options, including materials and size. <u>I have some time this afternoon</u>. If that doesn't work for you, I could stop by on Friday instead. Oh, and in regard to your question about building and electrical permits, we'll get those for you if you decide to hire us for the job. Thanks again, and I look forward to speaking with you.

38. 正解 (C)

> Why **did** Mr. Evans call the business?

　この設問のポイントは過去時制であるという点です。現在形だと誤読して音声を待ち受けていると、正解が選べなくなってしまい、下手をすると3問全滅になってしまうリスクもあります。このやっかいなトラップは本番で何度も出題されています。

　「Evans が電話をかけた」ということからわかるのは、Evans は聞き手、またはトークに登場する第三者の可能性があるということです。話し手であれば the speaker と書かれるはずです。パート4の出題傾向から、聞き手の Evans が過

去に話し手に電話をかけた後、話し手が今 Evans の留守番電話に話している場面では、と推測することができます。

話し手は "We understand that you're considering hiring us to build a garage next to your house and would like a quote."「ご自宅の隣に車庫を建てるために当社への依頼を検討されているとのことで、お見積もりをご希望ですね」と述べていることから (C) が正解です。

39. 正解 (A)

Why does the speaker say, "**I have some time this afternoon**"?

「今日の午後に時間がある」と述べているのは、おそらく話し手は何かをするための予定を調整しようとしている場面なので、それが何の予定なのかを聞き取るようにします。

引用文の直前に話し手は "I'll have to see the property and sit down with you to go over your options, including materials and size."「物件を拝見し、素材や広さなどの選択肢をあなたと共にじっくりと検討する必要があります」と述べているので正解は (A) です。

また、引用文の後のセリフ "If that doesn't work for you, I could stop by on Friday instead."「もしご都合が悪ければ、代わりに金曜日にお伺いすることも可能です」も正解のヒントになっています。

40. 正解 (D)

What does the speaker say her company can do?

　3問目の設問なので、終盤で正解のヒントが述べられるだろうと予測します。

　話し手は "Oh, and in regard to your question about building and electrical permits, we'll get those for you if you decide to hire us for the job." 「また、ご質問のあった建築・電気関係の許可についても、本件を当社にご依頼いただければ取得いたします」と述べており、これを Obtain authorization と言い換えた (D) が正解です。

語注

□ **consider** 動 〜を検討する
　※consider *doing*という語法が重要です!
□ **hire** 動 〜を雇う
□ **garage** 名 車庫
　※発音は「ガレージ」ではありません!
□ **determine** 動 〜を見極める
□ **property** 名 土地、建物
□ **permit** 名 許可 (証)

□ **business** 名 会社
□ **provide** 動 〜を提供する
□ **postpone** 動 〜を延期する
□ **estimate** 名 見積もり
□ **blueprint** 名 設計図
□ **authorization** 名 許可

和訳

問題38～40は次の電話のメッセージに関するものです。

こんにちは、Evans さんでしょうか。こちらは Solanda Builders の Gina McGovern です。留守番電話にメッセージを残してくださり、ありがとうございます。ご自宅の隣に車庫を建てるために当社への依頼を検討されているとのことで、お見積もりをご希望ですね。価格を決定するためには、物件を拝見し、素材や広さなどの選択肢をあなたと共にじっくりと検討する必要があります。今日の午後に時間があります。もしご都合が悪ければ、代わりに金曜日にお伺いすることも可能です。また、ご質問のあった建築・電気関係の許可についても、本件を当社にご依頼いただければ取得いたします。ありがとうございました。またお話しできるのを楽しみにしています。

38. Evans さんはなぜ会社に電話をしましたか。
    (A) 指示を出すため
    (B) プロジェクトを延期するため
    (C) 見積もりを依頼するため
    (D) ミスを報告するため

39. 話し手はなぜ "I have some time this afternoon" と言っていますか。
    (A) 今日エバンス氏と会うことができるから。
    (B) 後でいくつかの設計図を確認する予定であるから。
    (C) ある状況が急を要すると考えているから。
    (D) すぐに配達をしたいと思っているから。

40. 話し手は自分の会社には何ができると言っていますか。
    (A) 材料を推薦する
    (B) 電子機器を修理する
    (C) 価格を下げる
    (D) 許可を得る

Day 15

グラフの特徴を
先読みで
確認しておきましょう!

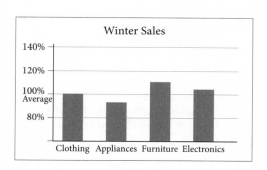

57

□ **41.** Who most likely is the speaker?

  (A) A graphic designer
  (B) A property manager
  (C) A marketing director
  (D) A customer service representative

□ **42.** Look at the graphic. Which product category is the speaker concerned about?

  (A) Clothing
  (B) Appliances
  (C) Furniture
  (D) Electronics

□ **43.** What are the listeners instructed to do?

  (A) Review an expense report
  (B) Compare advertisements
  (C) Try a new device
  (D) Submit a proposal

✖ スクリプト

Questions 41 through 43 refer to the following excerpt from a meeting and graph.

OK, let's begin this month's sales meeting. I made this graph so we can compare our winter sales with our average sales for the whole year. As you can see, sales of appliances were fairly low. However, we anticipated this, as many consumers are waiting for a range of new energy-efficient products that are slated to hit the market this year. The segment I'm worried about, though, was neither above nor below average. It's usually much higher for that season. So that we can strengthen our sales in that area going forward, I want the marketing team to come up with a proposal for a new advertising strategy. And please have it on my desk by April 10.

41. 正解 (C)

> Who **most likely** is the speaker?

　「話し手は誰か」を問うのはパート4の定番ですが、このように most likely が付いている場合は注意が必要です。

　序盤のセリフ "I made this graph so we can compare our winter sales with our average sales for the whole year." 「このグラフは、冬の売り上げを年間の平均売り上げと比較するために作成したものです」から、話し手は売り上げについて責任を持っている部門に属しているだろうと推測することができます。選択肢の中では、(C) A marketing director が売り上げ分析や販促を行う役職ですので、これが正解です。

(D) A customer service representative が売り上げ分析をしている可能性もゼロではないですが、最も可能性の高いものを選ぶのが解答の原則です。

42. 正解 (A)

> Which product category is the speaker concerned about?

先読みで、このグラフは冬期売り上げのグラフで、横軸は製品の種類を表していることを読み取っておきます。縦軸はパーセンテージなので、年間や過去などとの比率を表しています。

話し手は「家電製品の売り上げがかなり低くなっているが、それは買い控えが起こっているためで、想定していた」と説明をした後、"The segment I'm worried about, though, was neither above nor below average." 「しかし、私が心配している分野は、平均以上でも以下でもありませんでした」と自分の心配を述べています。グラフを見ると "100% Average" 付近を表しているのは "Clothing" なので正解は (A) です。

😀 ワンポイントアドバイス

グラフの問題は、グラフタイトル、横軸、縦軸を先読みで最低限確認しておきましょう。そして余裕がある場合には、最も多い項目、少ない項目はどれか、増えている、減っているなどの傾向を確認しておきましょう。

43. 正解 (D)

> ### What are the **listeners instructed to do**?

　トーク終盤で話し手が聞き手に対して何かを依頼、指示するだろうと予測します。

　話し手は "I want the marketing team to come up with a proposal for a new advertising strategy." 「マーケティングチームに新しい広告戦略の提案をしてもらいたいのです」と依頼をして、さらに "And please have it on my desk by April 10."「それを4月10日までに私のデスクに提出してください」と述べているので (D) が正解です。

ワンポイントアドバイス

　I want 人 to do を I want to do と聞き間違えてしまうと、全く意味が違ってしまい、本問でも正解が選べません。リーディングではそのような読み間違いはしませんが、リスニングでは中上級者でも時々間違えているので注意しましょう。

語注

- □ **compare A with B**　AとBを比較する
- □ **fairly**　副 かなり
- □ **anticipate**　動 ～を予想する
- □ **be slated to *do***　～する予定である
- □ **strengthen**　動 ～を強化する

- □ **property**　名 不動産
- □ **expense**　名 経費、費用

和訳

問題41〜43は次の会議の抜粋とグラフに関するものです。

さて、今月の営業会議を始めましょう。このグラフは、冬の売り上げ
を年間の平均売り上げと比較するために作成したものです。ご覧のよ
うに、家電製品の売り上げはかなり低くなっています。ただし、今年
発売される予定のさまざまな新しい省エネ製品を待ち望んでいるお
客様が多いため、これは想定していました。しかし、私が心配してい
る分野は、平均以上でも以下でもありませんでした。例年、この時期
にはもっと高い数値が出ています。今後、この分野の販売を強化する
ために、マーケティングチームに新しい広告戦略の提案をしてもらい
たいのです。それを4月10日までに私のデスクに提出してください。

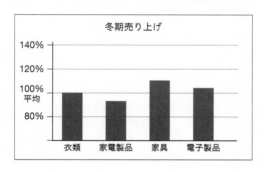

41. 話し手は誰だと考えられますか。

    (A) グラフィックデザイナー

    (B) 土地建物管理者

    (C) マーケティングの責任者

    (D) 顧客サービスの担当者

42. 図を見てください。話し手はどの製品分野を心配しています
    か。
    (A) 衣類
    (B) 家電製品
    (C) 家具
    (D) 電子機器

43. 聞き手は何をするように指示されていますか。
    (A) 経費報告書を確認する
    (B) 広告を比較する
    (C) 新しい機器を試す
    (D) 企画書を提出する

♪ 英語を聞き取るための **音のレッスン** **超高速音読で限界を突破しよう**

本問はオーストラリア人男性ナレーターが早口で読んでいるの
で聞き取りの難易度は本書の中でも最上位です。構文的にも
neither A nor B を使った難しめの構文が使われています。

> The segment I'm worried about, though, was
> **neither** above **nor** below average.

また、語数の多い以下の英文をこのナレーターは本番で出題さ
れる上限のスピードで淀みなく読んでいます。

> So that we can strengthen our sales in that area
> going forward, I want the marketing team to
> come up with a proposal for a new advertising
> strategy.

リスニングスコアが300点未満の方であれば、3問不正解だったとしても、今はできなくても仕方がないと割り切っても構いません。ただし、400点以上の高得点を目指している方は是非、以下に紹介する超高速音読トレーニングでこのレベルに挑戦して乗り越えていってください。なぜならば本番のパート4にはこの難易度の問題が実際に出題されているからです。

　まず準備段階として、スクリプト全体をできる限りゆっくりと音読をします。ゆっくりと音読する目的はしっかりと意味を理解しながら読めるようになるためで、長い英文であれば意味のかたまりや、カンマで区切りながら読んでみてください。

　そして意味を取りながらスムーズに読めるようになったら、徐々に速度を上げていきます。ストップウォッチを用意して自分が何秒でスクリプトを読めるのかを記録してみてください。最初の目標としてはこのナレーターと同じスピードの**約34秒**を目指してみてください。

　そして最終的には自分が読むことができる限界まで速度を上げていきます。このナレーターの1.1倍で読むことができれば**31秒**に収まるので、このスピードを目指してください。この最高速度の超高速音読を10回繰り返した後に、スクリプトを見ずにナレーターの音声を聞いてみてください。きっと自分の耳に信じられないような変化が起こっていることを体感できるはずです。

　この超高速音読は普段のトレーニングとしてだけでなく、テスト当日の直前トレーニングとしても有効です。ほとんどのナレーターの発話がゆっくりと、そしてはっきりと聞こえているはずです。是非、お試しください。

リスニング満点を目指していた Rieko さんはあと25点のギャップがどうしても埋まりません。かなりレベルの高い模試に取り組んでいるにもかかわらず1年近くスコアが停滞していました。Rieko さんは自分の弱点をパート2の間接的な応答問題やパート3の意図問題だと自己分析していて、その対策を知りたいというのが希望でした。最初に私が提案したのはキモチを込めた音読と、超高速音読の実践でした。Rieko さんは、音読はすでにやっていて、今さら音読のような基本的な練習で満点が取れるのかとかなり懐疑的でした。

そこで、その場でパート3のスクリプトを音読してもらうことにしました。普段やっているだけにスラスラと読めてはいるのですが、典型的な口パク音読でした。口パク音読というのは文字を読んでそれを口から出すだけの音読です。「口パク音読は顔の筋トレにしかなりませんよ」と言いたいのをぐっとこらえて、その場でキモチを込めた音読の実践です。会話の場面を想像して、話者になりきり、自分のセリフのように英文を紡ぎ出すのがキモチを込めた音読です。最初はぎこちなかったのですが、コツをつかんでからは楽しそうにキモチを込めた音読ができるようになっていきました。仕上げに超高速音読をやってから音声ファイルを聞いてもらうと、その効果が実感できたのでしょう、私が提案したトレーニングプランを受け入れてもらうことができました。

Rieko さんはその後、人事異動で転勤になりリスニング講座には参加できなくなったので、人事部と交渉してコーチングセッションには Zoom で参加することになりました。キモチを込めた音読を見てほしいというので画面越しにやってもらうと、身振り手振りを交えた、まるで役者さんが熱演するような感動的な音読でした。そして念願のリスニング満点を取得した後も何度もリスニング満点を連発しています。

Round 3

終着駅が
見えてきました！

Day 1

人が写っていない
難しめの問題です!

☐ **1.**

(58)

☐ **2.**

(59)

1.

スクリプト

 58

(A) A sidewalk is covered with leaves.
(B) A lawn is being mowed.
(C) Balconies overlook a body of water.
(D) Some boats are sailing near the shore.

和訳

(A) 歩道が葉っぱに覆われている。
(B) 芝生が刈られている。
(C) バルコニーから水面が見下ろせる。
(D) ボートが岸辺の近くをえい航している。

正解 (C)

正解 (C) の overlook を使った英文はパート1の定番なので、この文で丸ごと覚えてしまいましょう。building (建物) や monument (記念碑) なども主語になります。

誤答の (A)、(B) はそれぞれ歩道、芝 (らしきもの) は写っているので、写真をよく確認して消去する必要があります。

ワンポイントアドバイス

人物が写っていない写真で、特にフォーカスされている物がない問題は難問になりやすいので、集中力を1段上げて音声を待ち受けるようにしましょう。

語注

□ **mow** 動 (機械で芝など) を刈る
※パート1によく登場する基本単語です!

2.

✖ スクリプト　　　　　　　　　　　　　　　　　　（59）

(A) A couch has been pushed to one side of the room.

(B) A box of tissues has been placed on a chair.

(C) Some curtains are folded on a windowsill.

(D) Some tools have been stacked on the table.

✖ 和訳

(A) 長椅子が部屋の片側に寄せられている。

(B) 一箱のティッシュが椅子に置かれている。

(C) カーテンが窓の下枠にたたまれている。

(D) 道具が机の上に積み重ねられている。

正解 (A)

　主語になりそうな物が複数写っている場合は、待ち受け時間にできる限り物の名前を英語で確認しておきましょう。

　正解（A）の couch は日本語の長椅子の意味で、発音は「コーチ」ではなく「カウチ」に近い音です。

　（C）の curtains はカタカナ英語の「カーテン」で覚えていると聞き取れないので、音声ファイルを聞きなおして正しい音で上書きしておきましょう。また、windowsill は「窓の下枠」の意味で、windowpane（窓ガラス）と共にパート1で既出なので是非とも覚えておきましょう。

✖ 語注

□ **stack**　動　～を積み上げる

　　※パート1では受動態で登場し、be stacked onの他に以下の用法で使われます。

　　The chairs are stacked against the wall.

　　椅子が壁際に積み重ねられている。

Day 2

パート1定番の
フレーズが
問われています！

□ **3.**  (60)

□ **4.**  (61)

3.

✖ スクリプト

(A) There are several vehicles on a bridge.
(B) Some trees are being trimmed.
(C) A walkway is bordered by low walls.
(D) A bike has been left unattended alongside a road.

✖ 和訳

(A) 橋の上に数台の乗り物がある。
(B) 木が刈り取られているところである。
(C) 歩道が低い壁によって仕切られている。
(D) 自転車が道路の脇に放置されている。

正解 (D)

　正解 (D) は leave O C（OをCにしておく）の受動態が聞き取れたかどうかが勝負を分けます。パート1頻出の be left unattended のかたまりで覚えておきましょう。

　(A) の vehicle はエンジンの付いた乗り物の意味で、パート1では自動車の言い換えとして使われる超重要語です。音声を聞きなおして音の確認をしておきましょう。(C) の be bordered by は中上級者向けの難問として出題されるので押さえておきましょう。

✖ 語注

□ **trim** 動 （木など）を刈る

　※リーディングセクションではtrim expenses（経費を削減する）という意味でも登場します!

余談 | 3.の写真はアムステルダムで撮影しました。運河が張り巡らされている美しい街でした。

4.

(A) The man is unscrewing a light bulb.
(B) The man is wearing glasses.
(C) The man is putting away a micro drill.
(D) The man is tying his shoelaces.

🗙 **和訳**

(A) 男性が電球を取り外している。
(B) 男性がメガネを掛けている。
(C) 男性が小型ドリルを片付けている。
(D) 男性が靴紐を締めている。

正解 (B)

　先読み段階では男性の動作や状態が読まれるだろうと予測をして音声を待ち受けます。正解 (B) では「男性がメガネを掛けている」という状態が述べられています。男性がメガネを掛けている動作であれば、以下が正解になります。

　　　The man is putting on glasses.
　　　男性がメガネを掛けているところである。

　(A) は、light bulb を聞き取れないと正解に思えてしまう錯乱肢です。bulb の音を聞きなおして、自分の記憶と違っていたら正しい音で上書きしておきましょう。

　(C) の putting away はパート1頻出フレーズです。putting の g と away の先頭の a がつながって音が変化する様子を確認しておきましょう。

🗙 **語注**

□ **shoelace** 名 靴紐

Day 3

定番フレーズを
ひとかたまりの音として
理解できるようになると
場面をイメージする
余裕が生まれます！

□ **5.** Mark your answer on your answer sheet.

□ **6.** Mark your answer on your answer sheet.

□ **7.** Mark your answer on your answer sheet.

5.

スクリプト

Woman: Would you like me to show you around
the building?

Man: (A) That's part of tomorrow's orientation,
isn't it?

(B) Yes, since the trade show.

(C) I'll give you a ride if you want.

和訳

女性：建物の中をご案内しましょうか。

男性：(A) それは明日のオリエンテーションの一部ですよね。

(B) はい、展示会の時からです。

(C) よろしければ私が乗せていきましょう。

正解 (A)

　問いかけ文で女性がゲストに対して建物内の案内を申し
出ています。会社、工場、美術館などの場面が浮かぶと会話
のつながりが理解しやすくなります。正解 (A) で男性は「そ
れ（建物の案内）は明日のオリエンテーションで行われる予
定ではないか」と問い返しています。

　(B) は show を使った音のヒッカケです。(C) は、車に乗
って案内をするという意図に理解すると正解に思えてしまい
ますが、案内を申し出ているのは女性で、車で建物の中を案
内するのでは会話がつながらないので不正解です。

 ワンポイントアドバイス

> **Would you like me to** show you around
> the building?

単語単位で聞き取ろうとすると頭に余計な負荷がかかってしまい、場面をイメージする余裕がなくなってしまいます。太字の部分をひとかたまりのフレーズとして聞き取れるようになれば、頭の中に余裕が生まれ想像力が働くようになります。かたまりを意識して繰り返し音読しておきましょう。

▨ 語注

□ **show A around**　A（人）に〜を案内する

6.

▨ スクリプト

Man: Here's my application for the district manager position.

Woman: (A) I haven't installed it yet.
(B) The deadline was yesterday.
(C) I won't be back until after lunch.

▨ 和訳

男性：これが地区管理職への応募書類です。

女性：(A) まだインストールしていません。
(B) 締め切りは昨日でした。
(C) 昼食後でないと帰ってきません。

正解 (B)

　問いかけ文から、男性が応募書類を相手に提出しようとしている場面をイメージしておきます。

　正解 (B) で女性は、「締め切りは昨日だった」、つまり応募は受け付けられないと答えています。

　(A) は application から install を連想させる錯乱肢です。

(C) は、昼過ぎに自分が戻ってきてから受け付ける、という意味にとらえると正解に思えてしまいますが、目の前にいる男性に対する発言としては不自然なので不正解です。

✖ 語注

□ **application** 名 申込用紙

余談　応募書類の締め切りが過ぎている場面は TOEIC あるあるですが、実生活では大切な予定には気をつけたいですね。

7.

✖ スクリプト

Man: Have we started advertising Angela Dewitt's October performances?

Woman: (A) A talented musician from England.
(B) The official dates haven't been given to us yet.
(C) I don't have any change, sorry.

✖ 和訳

男性：Angela Dewitt の10月公演の宣伝は始まっていますか。

女性：(A) イギリスの才能ある音楽家です。
(B) 正式な日程がまだ伝えられていません。
(C) おつりを持っていません、すみません。

正解 (B)

問いかけ文では、公演の宣伝が始まっているかどうかをたずねています。正解 (B) では「正式な日程がまだ伝えられていない」と答えており、宣伝は開始していないという状況

です。

　（A）は performances から talented musician を連想させる錯乱肢です。（C）は買い物などでおつりを持っていないという場面での決まり文句ですが、change を変更の意味だととらえても会話としてはつながらないので不正解です。

 ワンポイントアドバイス

> **Have we** started advertising Angela Dewitt's October performances?

　Have と we がつながって音が変化して、1つの単語のように聞こえています。Have we の部分でつまづくと、後半が聞き取れなくなってしまいます。
　オーストラリア人ナレーターによる have we は難問パターンの1つなので、その音の様子をよく聞き込んでおきましょう。

語注

□ **performance** 名 公演

※能力、成績の意味でも登場します！

This computer's performance needs to be improved.

このコンピューターの性能は改善される必要がある。

Each employee's performance will be examined quarterly.

従業員の成績は四半期毎に評価される。

□ **talented** 形 才能のある

Day 4

基本単語、
定番フレーズ
だからこそ
正しい英語の音を
インプットして
おきましょう！

□ **8.** Mark your answer on your answer sheet.

□ **9.** Mark your answer on your answer sheet.

□ **10.** Mark your answer on your answer sheet.

8.

❌ スクリプト

Woman: What time did Ms. Klinger say she'd be back from the airport?

Man: (A) She called a moment ago from a taxi.
(B) Her flight departs at 7:35.
(C) Whenever you're ready.

❌ 和訳

女性：Klinger さんは空港から何時に戻ると言っていましたか。

男性：(A) 彼女は数分前にタクシーから電話をくれました。
(B) 彼女の便は7時35分に出発します。
(C) あなたの準備が整えばいつでも。

正解 (A)

　会話のつながりから正解を選ぶ必要のある難問です。問いかけ文では、Klinger が空港から戻ってくる時間が問われています。Klinger は話者たちの同僚または友人で、出迎えなど何らかの用件で空港に立ち寄り、話者たちのところへ戻ってくるという場面です。

　(A) は、戻ってくる時間については回答していませんが、Klinger から何時頃に着くという電話があったと解釈すれば会話がつながります。または、すでにタクシーに乗ったことがわかれば、何時頃に到着するかは話者たちの間では共通理解がある状況です。

　(B) は airport から flight を連想させる錯乱肢です。(C) は what time に対して whenever（いつでも）と回答していますが、会話としてつながらないので不正解です。

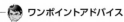

ワンポイントアドバイス

　本問のように、第2話者のセリフの意図を推測して会話の
つながりを見極める問題は難問です。特に、(A) に設定され
ている正解を見抜けないと、(C) まで聞いても正解なしにな
ってしまいます。(A) を聞いて正解かどうか確信が持てない
場合は一旦保留としておいて、(B)、(C) を聞いてから判断
するようにしましょう。

9.

スクリプト

Man: Did Jerry mention what we should do
with all these leftover party supplies?

Woman: (A) Because it was his birthday.
(B) Yes, a large supply order.
(C) There's a box by the closet.

和訳

　男性：Jerry はこれらの残ったパーティー用品をどうすべきと言
っていましたか。

　女性：(A) それは彼の誕生日だったからです。
(B) はい、大量の供給品の注文です。
(C) 戸棚の近くに箱があります。

正解 (C)

　「Jerry は残ったパーティー用品をどうすべきと言っていた
か」と問われ、正解 (C) では「戸棚の近くに箱がある」と答え
ています。これは、Jerry がその箱の中にパーティー用品を
入れるようにと言っていたという意図が込められています。

（A）は party から birthday を連想させる錯乱肢です。（B）は supplies と supply を使った音のヒッカケです。

 ワンポイントアドバイス

> **There's a** box by the closet.

there 構文は中学校レベルで習う基本文ですが、正しい英語の音で覚えておかないと意外に足元をすくわれてしまいます。there's a のパターンは音が変化しやすく、本番でもよく出題されます。ナレーターの発音を繰り返し聞いておきましょう。

✖ **語注**

□ **leftover** 形 残り物の

10.

✖ **スクリプト**

Woman: Is the seminar supposed to take place here, or will it be held on the sixth floor?

Man: (A) But that's what was written on the program.

(B) No, the equipment needs to be replaced.

(C) Ms. Taylor said she'd reserved the conference room.

和訳

女性：研修会はここで行われる予定ですか、または6階で開催されますか。

男性：(A) しかし、それはプログラムに書かれていたことです。
(B) いいえ、その機器は交換する必要があります。
(C) Taylor さんは、会議室を予約したと言っていました。

正解 (C)

研修会が開催される場所が選択疑問文で問われています。正解 (C) では「Taylor が会議室を予約した」と述べています。このセリフだけでは研修会が開催されるのは here（ここ）なのか、sixth floor（6階）なのかはわかりませんが、the conference room と定冠詞 (the) を使っているので、話者たちの間ではその会議室がどこにあるのかという共通理解があることがわかります。

(A) は、but がなければ、研修会の場所はプログラムに書かれていたという回答になり正解でした。(B) は seminar から equipment を連想させる錯乱肢です。

 ワンポイントアドバイス

But that's what was written on the program.

日本語の音は子音と母音がセットになるのが基本なので、同じ感覚で but の t に母音を添えてしまうと「バット」というカタカナ英語になってしまいます。わずかな違いのようですが、but を正しい音で覚えていないと、この But that's の音の変化に対応できません。基本単語だからこそ正しい音を記憶しておきましょう。

Day 5

1つの単語で
成否が分かれる
新傾向の問題です！

□ **11.** Mark your answer on your answer sheet.

□ **12.** Mark your answer on your answer sheet.

□ **13.** Mark your answer on your answer sheet.

11.

❌ スクリプト

Man: Is this where I should connect the grey
cable to the security camera?

Woman: (A) Check the instruction manual in the
box.
(B) I prefer those colorful pictures.
(C) Ask security to make the correction.

❌ 和訳

男性：監視カメラの灰色ケーブルはここに接続すればよいですか。

女性：(A) 箱に入っている取扱説明書を確認しましょう。
(B) これらの色鮮やかな写真が好みです。
(C) 警備員に修正をするように依頼してください。

正解 (A)

男性が監視カメラのケーブルを接続する場所を確認して
います。正解 (A) では、女性が取扱説明書を確認するよう提
案しています。このように問われたことを直接答えずに、「〜
を確認する」、「〜さんに聞いてみる」などと提案する返答は
正解パターンの1つです。

(B) は camera から pictures を連想させる錯乱肢です。(C)
は security を使った音のヒッカケで、監視カメラのことなので
警備員に聞いてみる、という意味にとらえてしまうと正解に思
えてしまいますが、会話としてつながらないので不正解です。

 ワンポイントアドバイス

Is this where I should connect the grey
cable to the security camera?

この構文にとまどった方は、平叙文に戻して、where 以下が名詞節で文の補語になっていることを確認しておきましょう。

> **This is where** I should connect the grey cable to the security camera.

❌ 語注

□ **correction** 名 修正

※collection とはスペルも音も異なります！

12.

❌ スクリプト

Woman: Why don't you talk to Ms. McGregor about extending the deadline?

Man: (A) Because we need more time.
(B) The meeting was far too long, though.
(C) I'm sure I'll get it done on time.

❌ 和訳

女性：McGregor さんに締め切りを延長するよう話してみてはどうですか。

男性：(A) もっと時間が必要だからです。
(B) しかし、会議がとても長すぎました。
(C) 時間通りにやり切れると確信しています。

正解 (C)

女性は締め切りの延長を提案しているので、期限が迫って

いる仕事が終わりそうにないと思っているのでしょう。それに対して正解 (C) で男性は、時間通りに終わらせられる、つまり締め切りの延長は必要ないと答えています。

(A) は問いかけ文で締め切りを延長する理由を問われていると誤解した人に対するヒッカケになっています。(B) は締め切りまでに仕事が終わりそうにない原因を述べているように思えますが、though があることで会話がつながりません。本番で出題される可能性のある難易度の高い錯乱肢です。

語注

□ **extend** 動 〜を延長する

13.

スクリプト

Man: What did you have in mind for the annual banquet?

Woman: (A) Yeah, it's held every year.
(B) I've left the arrangements up to Ms. Evans.
(C) I haven't had time to go to the bank.

和訳

男性：年次晩さん会についてどんなことを検討しましたか。

女性：(A) はい、毎年開催されます。
(B) 準備は Evans さんにお任せしてあります。
(C) 銀行に行く時間がありません。

正解 (B)

直訳すると「年次晩さん会について何を考えたか」です

が、ここでは年次晩さん会の計画や準備状況が問われていると考えるのが自然です。正解 (B) は「年次晩さん会の準備は Evans に任せてある」と答えているので、会話がつながっています。

　(A) は、年次晩さん会は毎年の行事で、毎回同じ計画なので今年も何か特別な準備は必要ない、という意味で会話がつながりそうですが、Yeah によって同意をしていることになってしまうので不正解です。これも新傾向の錯乱肢です。(C) は banquet と bank を使った音のヒッカケです。

 ワンポイントアドバイス

> ### What did you **have in mind** for the annual banquet?

　have A in mind は多くの場合疑問文で相手の計画などをたずねる場合に使われます。意味が取れなかった場合は、この英文を自分のセリフとして5回音読してニュアンスを染み込ませておきましょう。

　また、TOEIC では「適任者を検討する」という意味でも出題されるので、合わせて以下の英文も音読しておきましょう。

> Do you have in mind someone else for the position?
> そのポストに誰か適任者がいますか。

 語注

　□ **leave A up to B**　AをBに任せる

Day 6

苦手な構文、
音が見つかれば
それは弱点補強の
チャンスです！

■

□ **14.** Mark your answer on your answer sheet.

□ **15.** Mark your answer on your answer sheet.

□ **16.** Mark your answer on your answer sheet.

14.

❌ スクリプト

Woman: Does the hotel offer room service?

Man: (A) They're serviced on a regular basis.
(B) The menu is in the desk drawer.
(C) How long will you be staying?

❌ 和訳

女性：そのホテルはルームサービスを提供していますか。

男性：(A) 定期的に点検されています。
(B) メニューは机の引き出しにあります。
(C) どれくらい滞在する予定ですか。

正解 (B)

ルームサービスが提供されているかどうかが問われてるので、Yes、No で回答するのが基本ですが、「メニューは机の引き出しにある」と回答している (B) が正解になっています。つまり、そのメニューはルームサービスのものであると理解すれば、ルームサービスは提供されているという回答になっているからです。

(A) は service と serviced を使った音のヒッカケです。(C) は問いかけ文の hotel から滞在日数を問うていますが、ルームサービスと滞在日数には関連性がないので不正解です。

❌ 語注

□ **service** 動 ～を点検する
※be serviced と受動態で使われます！

15.

✖ スクリプト

Man: The supervisor is known for always being punctual.

Woman: (A) I think the latest version is more functional.

(B) Is that why he's late?

(C) I wonder what's keeping him, then.

✖ 和訳

男性：上司はいつも時間を守ることで知られています。

女性：(A) 最新版はより機能的だと思います。

(B) それが彼の遅刻の理由ですか。

(C) では、彼をそうさせているのは何なのでしょう。

正解 (C)

　平叙文で、しかも状況が把握しにくい難問です。

　男性は上司が時間厳守であると述べていますが、これだけではどういう場面なのか、相手は誰なのかは推測できません。このセリフをしっかり記憶に残しつつ、集中力を1段上げて選択肢を聞き取ることに集中します。正解 (C) で女性は「何が彼をそうさせているのだろう」と述べており、その上司はなぜあんなに時間厳守なのかと問い直している場面が浮かんできます。

　(A) は punctual と functional を使った音のヒッカケです。(B) は、punctual の意味が取れていないと正解候補になってしまいますが、会話としてつながっていないので不正解です。

 ワンポイントアドバイス

> **I wonder what's** keeping him, then.

I wonder＋WH疑問詞は「〜かどうかを知りたい」という意味の定番フレーズです。平叙文ですが、聞きにくい事を控えめに質問する時などに使われます。

✕ 語注

- □ **supervisor** 名 管理者
- □ **punctual** 形 時間を守る
- □ **functional** 形 機能的な、機能を果たせる

16.

✕ スクリプト

> Woman: Can I use any of the stationery in the cupboard?
>
> Man: (A) The board of directors.
> (B) Everything except for the nice envelopes.
> (C) That's right—near the bus station.

✕ 和訳

女性：棚の中にある文房具はどれを使ってもよいですか。

男性：(A) 取締役会です。
(B) 奇麗な封筒以外はどれでもよいです。
(C) その通り、バス停の近くです。

正解 (B)

文房具を使ってよいかどうかが問われ、正解 (B) では「奇麗な封筒以外は使ってもよい」と答えています。

　(A) は cupboard と board の、(C) は stationery と station の音のヒッカケです。

👨 ワンポイントアドバイス

Can I use any of the stationery in the **cupboard**?

　cupboard は忘れた頃に出題され、その度に中上級者でさえも苦しめられる難単語です。その原因は「カップボード」で覚えているからです。p は発音されません。本問では stationery まででも正解が選べるようになっていますが、cupboard が決定的なキーワードになる問題が出題される可能性もあります。「カップボード」で覚えていた方は、ここで必ず正しい英語の音で上書きしておきましょう。

✖ 語注

- □ **envelop** 名 封筒
- □ **except for** 〜を除けば

Day 7

頻出の錯乱肢に
惑わさせないように!

☐ **17.** Mark your answer on your answer sheet.

☐ **18.** Mark your answer on your answer sheet.

☐ **19.** Mark your answer on your answer sheet.

17.

スクリプト

Man: Is there enough room in your car's trunk for all your luggage?

Woman: (A) Well, I bought the green suitcase years ago.
(B) We'll be taking the shuttle bus.
(C) I'm pretty sure we ordered enough.

和訳

男性：あなたの車のトランクは全部の荷物を収納するのに十分な空間がありますか。

女性：(A) ええと、何年か前に緑のスーツケースを買いました。
(B) シャトルバスを利用する予定です。
(C) 十分な量を注文したのは確かです。

正解 (B)

　男性はトランクに全ての荷物が入るかどうかをたずねているので、相手がその車に乗ってどこかへ出かけるという前提で話をしています。それに対して、シャトルバスを利用すると述べている、つまり車には乗らないと答えている (B) が正解です。このように、問いかけ文の前提が崩れる回答が正解となる問題が増加傾向にあります。問いかけ文を聞き取る力、場面から会話のつながりを見通す力が問われています。

　(A) は luggage から suitcase を連想させる錯乱肢です。
(C) は enough を使った音のヒッカケです。

ワンポイントアドバイス

We'll be taking the shuttle bus.

I'll と同じように we'll もカタカナ英語の音で記憶をしているそこで思考停止になってしまい、その後の肝心の中身を聞き漏らしてしまいます。問題作成者も学習者のこの弱点をよく熟知しており、本問のように第1話者のセリフの前提が変わってしまうようなやや難しめの問題の正解の選択肢に出題してきます。we'll は出題頻度も多いフレーズなので、ここで正しい英語の音を繰り返し聞き込んでおきましょう。

語注

　　□ **room**　名 空間、場所
　　□ **pretty**　副 かなり

18.

スクリプト

Woman: Traffic is really heavy on Stanton Street again today.

　Man: (A) There's a city map on their Web site.
　　　　(B) If it's heavy, I can help you carry it there.
　　　　(C) The roadwork should be finished on Monday.

和訳

女性：Stanton 通りの交通の流れは今日も悪くなっています。

男性：(A) ウェブサイトに市街地の地図があります。
　　　(B) もし重ければ、あそこに運ぶのを手伝ってあげます。
　　　(C) 道路工事は月曜日には完了するはずです。

正解 (C)

　今日も道路が混んでいるという男性に対して、正解 (C) で女性が「(道路が混む原因となっている) 道路工事は月曜日で終わるはず」と答えています。男性のセリフの again がきちんと聞き取れていれば、会話のつながりがより自然に理解できる問題です。

　(A) は Traffic や Street から city map を連想させる錯乱肢です。(B) は heavy を使った音のヒッカケです。

語注

　□ **traffic** 名 交通
　□ **roadwork** 名 道路工事

19.

M W 76

スクリプト

Man: Who's the keynote speaker for the medical technology convention?

Woman: (A) There're two this year.
(B) In the auditorium on the ground floor.
(C) The speaker is working fine now.

和訳

男性：医療技術展の基調講演者は誰ですか。

女性：(A) 今年は2人います。
(B) 1階の講堂です。
(C) スピーカーは今は調子よく作動しています。

正解 (A)

基調講演で話すのは誰かが問われ、正解 (A) では「今年は

2人いる」と答えています。パート2で誰かが問われた場合には、シンプルに名前を答えるパターンの他には「知らない」、「まだ決まっていない」、「第三者が知っている」と答えるのが定番ですが、本問のような回答も出題されます

（B）は問いかけ文の出だしをwhereと聞き間違えた人に対する錯乱肢です。（C）はspeakerを使った音のヒッカケです。

 ワンポイントアドバイス

> **Who's** the keynote speaker for the medi-cal technology convention?

who's と where's の音の違いを聞き分けられるかが試される問題です。特に、本問のように早口のナレーターが読んだ場合には、聞き取りの難易度が上がります。聞き間違えてしまった方は音声ファイルを注意深く繰り返し聞きなおして、正しい英語の音を染み込ませておきましょう。

また、問いかけ文を聞き取れたとしても、それをリテンション（短期記憶）できていないと、who's だったのか where's だったのかがわからなくなり、本問では (A) と (B) で悩むことになってしまいます。リテンション力を鍛えるにはリッスンアンドリピートをしてみましょう。問いかけ文を聞き取った後に、その文をそのまま発話します。最初は上手くいかなくても繰り返していくうちにスムーズに言えるようになってきます。

語注

□ **keynote speaker**　基調講演者
　　※展示会やセミナーの冒頭に基調講演を行う話し手
　　　のことです。
□ **convention**　名 大会、集会
□ **auditorium**　名 講堂

Day 8

選択肢の
縦読み法を
マスターしましょう!

77

□ **20.** Where does the woman most likely work?

(A) At a landscaping firm
(B) At a hardware store
(C) At a construction company
(D) At a financial institution

□ **21.** What does the woman offer to give the man?

(A) A discount
(B) A thin book
(C) A contract
(D) A presentation

□ **22.** What does the man ask about?

(A) The date of an appointment
(B) The experience of a worker
(C) Some features of a property
(D) Some paperwork he needs

✖️ スクリプト

Questions 20 through 22 refer to the following conversation.

Man: Hi. My name is Derrick Ford, and I manage the bank on Houston Street. There're about 75 square meters of grass around the building, and I want to know how much you'd charge to mow that for us.

Woman: Thank you for calling. Our rates vary depending on how regularly we cut a lawn. If you'd like, I'll send a service representative over with our brochure, which explains in detail your options.

Man: That'd be great. Oh, by the way, there's a steep slope behind us and also an area between rose bushes that might be hard for a lawn mower to reach. Will these affect the price?

Woman: Well, they might. I'll ask my coworker to check those places for you when he stops by.

20. 正解 (A)

Where does the **woman most likely** work?

話し手が自分が働いている場所をセリフの中で直接的に述べることはまずありません。本問では most likely とあるので会話の中に散りばめられた情報から正解を推測する必要があります。また、問われているのは女性が働いている場

所なので、他の登場人物と混同しないよう注意をする必要が
あります。

男性は "There're about 75 square meters of grass around
the building, and I want to know how much you'd charge
to mow that for us." 「建物の周りに75平方メートルほどの
芝生があるのですが、それを刈っていただくといくらになる
か知りたいです」と女性に芝刈りの見積もりを依頼している
ので (A) が正解です。

21. 正解 (B) ━━━━

What does the **woman** offer to give the man?

女性が正解のヒントを述べるだろうと予測します。選択肢
が短いので可能な限り全部先読みしておきましょう。

女性は "If you'd like, I'll send a service representative
over with our brochure, which explains in detail your
options." 「ご希望であれば、サービス担当者にオプションの
詳細を記載したパンフレット持たせて向かわせます」と提案
をしているので、brochure を thin book と言い換えた (B)
が正解です。

22. 正解 (C) ━━━━

What does the **man** ask about?

男性が後半に正解のヒントを述べるだろうと予測します。
男性は "Oh, by the way, there's a steep slope behind us

and also an area between rose bushes that might be hard for a lawn mower to reach." 「そう言えば、うちの裏には急な坂道や、バラの茂みの間に芝刈り機が届かないような場所があります」と述べ、芝刈りをしてもらう場合に影響のありそうな土地の特徴を述べ、"Will these affect the price?" 「これらは価格に影響しますか」と女性にたずねているので (C) が正解です。

ワンポイントアドバイス

(A) The **date** of an appointment
(B) The **experience** of a worker
(C) Some **features** of a property
(D) Some **paperwork** he needs

選択肢を全て先読みできた方は、音声が流れ始めるまでの時間に太字の単語を縦に読み直しておくと、より記憶に残りやすくなります。

語注

□ **mow** 動 (芝など) を刈る
□ **representative** 名 担当者、代表者
　※語尾が形容詞のようですが名詞として使われます。
□ **steep** 形 (道路、坂などが) 急な
□ **affect** 動 ～に影響する

□ **landscaping** 名 造園
□ **institution** 名 機関、団体
□ **property** 名 土地

和訳

問題20〜22は次の会話に関するものです。

男性：こんにちは。Houston 通りで銀行を経営している Derrick Ford と申します。建物の周りに75平方メートルほどの芝生があるのですが、それを刈っていただくといくらになるか知りたいです。

女性：お電話いただきありがとうございます。私たちの料金は、芝刈りの頻度によって異なります。ご希望であれば、サービス担当者にオプションの詳細を記載したパンフレット持たせて向かわせます。

男性：それは助かります。そう言えば、うちの裏には急な坂道や、バラの茂みの間に芝刈り機が届かないような場所があります。これらは価格に影響しますか。

女性：そうですね、影響するかもしれません。同僚がそちらに立ち寄った際に、その場所を確認させます。

20. その女性はどこで働いていると考えられますか。

(A) 造園会社
(B) 金物店
(C) 建設会社
(D) 金融機関

21. 女性は男性に何を提供しようとしていますか。

(A) 割引
(B) 薄い冊子
(C) 契約書
(D) プレゼンテーション

22. 男性は何についてたずねていますか。

(A) 予約の日にち
(B) 従業員の経験
(C) 土地の特徴
(D) 必要書類

Day 9

選択肢まで
先読みできると
会話の場面が
見通せるようになります！

78

☐ **23.** Who is Stephen Marshal?

    (A) A hiring manager
    (B) A personal trainer
    (C) A job applicant
    (D) A potential client

☐ **24.** What does the man say he planned to do on Thursday?

    (A) Check on the progress of some employees
    (B) Supervise an installation at a branch office
    (C) Discuss changes to an internship program
    (D) Provide recommendations to an employer

☐ **25.** What will the man probably do next?

    (A) Look for an employee handbook
    (B) Refer to a train schedule
    (C) Reschedule a meeting
    (D) Speak to a colleague

✕ スクリプト

Questions 23 through 25 refer to the following conversation.

Woman: We've just about finished interviewing all of the applicants for the accounting position. There's one more. His name's Stephen Marshal. His interview isn't until Thursday, though.

Man: Thursday? I planned to visit our Hillview branch that day to see how their new staff are progressing in the training program.

Woman: Well, I really think you should meet with Mr. Marshal. He's the most qualified applicant, and we have to hire someone soon. We could ask Linda to go to Hillview instead of you.

Man: That's true. She's been involved in training for over a year now. I'll go ask her now if she'll be able to go.

23. 正解 (C)

Who is **Stephen Marshal**?

待ち受けキーワードの Stephen Marshal を脳内で音読して、その音を確認しておきましょう。

女性は "We've just about finished interviewing all of the applicants for the accounting position." 「経理職の応募者全員との面接がほぼ終わったところです」と述べているので、採用についての会話であることがわかります。続けて

"There's one more. His name's Stephen Marshal." 「あと一人います。名前は Stephen Marshal です」と述べているので、正解は (C) とわかります。

 ワンポイントアドバイス

選択肢の hiring manager、personal trainer、job applicant、potential client はいずれもビジネスシーンで登場する単語なので、同僚同士が会話している場面では? と予測することができます。

24. 正解 (A)

> What does the man say he planned to do on **Thursday**?

待ち受けキーワードの Thursday を聞き漏らさないようにして、男性のセリフを注意深く聞きます。

男性は "Thursday? I planned to visit our Hillview branch that day to see how their new staff are progressing in the training program." 「木曜日ですか。その日は Hillview 支店に行って、新入社員の研修プログラムの進捗状況を確認しようと思っていました」と返答しており、これを「従業員の進捗状況を確認する」と言い換えた (A) が正解です。

25. 正解 (D)

> What will the man probably **do next**?

　次の行動については、男性が後半のセリフで正解のヒントを述べるだろうと予測しておきます。

　女性は "We could ask Linda to go to Hillview instead of you." 「あなたの代わりに Linda に Hillview に行ってもらうこともできますよ」と、代理を依頼することを男性に提案しています。それに対して男性は "I'll go ask her now if she'll be able to go." 「彼女に行けるかどうか今から聞いてみます」と女性の提案に同意しているので (D) が正解です。

❎ 語注

　　□ **applicant** 名 応募者、志願者
　　□ **progress** 動 進歩する
　　□ **qualified** 形 ふさわしい
　　　　※qualified applicant の組み合わせで覚えておきましょう！
　　□ **be involved in** 〜に関わる

　　□ **potential client** 潜在顧客
　　　　※自社の製品やサービスを今後購入してくれる可能性のある顧客のことで、ビジネス会話の重要フレーズです。
　　□ **progress** 名 進み具合、進行
　　□ **supervise** 動 〜を監督する、管理する
　　□ **recommendation** 名 推薦
　　□ **refer to** 〜を参照する

和訳

問題23〜25は次の会話に関するものです。

女性：経理職の応募者全員との面接がほぼ終わったところです。あと一人います。名前は Stephen Marshal です。面接は木曜日までありませんが。

男性：木曜日ですか。その日は Hillview 支店に行って、新入社員の研修プログラムの進捗状況を確認しようと思っていました。

女性：そうですか、私は、あなたが Marshal さんに会うべきだと思います。彼は最も適格な応募者ですし、私たちはすぐに人を雇わなければなりません。あなたの代わりに Linda に Hillview に行ってもらうこともできますよ。

男性：それはそうですね。彼女は1年以上前からトレーニングに参加しています。彼女に行けるかどうか今から聞いてみます。

23. Stephen Marshal とは誰ですか。
   (A) 採用責任者
   (B) パーソナルトレーナー
   (C) 就職希望者
   (D) 潜在顧客

24. 男性は木曜日に何をするつもりだったと言っていますか。
   (A) 従業員の進捗状況を確認する
   (B) 支店でインストールを監督する
   (C) インターンシッププログラムの変更について話し合う
   (D) 雇用主に推薦する

25. 男性はおそらく次に何をしますか。
   (A) 従業員ハンドブックを探す
   (B) 電車の時刻表を参考にする
   (C) 会議の日程を変更する
   (D) 同僚に話しかける

Day 10

設問から
登場人物の構成を
予測してみましょう!

□ **26.** Where most likely is the conversation taking place?

    (A) At a manufacturing plant
    (B) At a conference center
    (C) At an art exhibition
    (D) At a medical clinic

□ **27.** What problem does one of the men mention?

    (A) He does not have access to a Web site.
    (B) He forgot to send Dr. Sullivan a schedule.
    (C) He is unhappy about her schedule today.
    (D) He wrote down the wrong information.

□ **28.** What will the men probably do next?

    (A) Line up outside a meeting room
    (B) Watch a product demonstration
    (C) Photocopy an updated schedule
    (D) Purchase some refreshments

スクリプト

Questions 26 through 28 refer to the following conversation with three speakers.

Man 1: Hi. We're here for Dr. Sullivan's talk on medical equipment manufacturing. Could you tell us where that'll be?

Woman: Let me check today's schedule... OK, he'll be speaking in Lecture Hall B—on the third floor. You'll have to wait for the current lecture to finish before you go in, though.

Man 2: Can we take a copy of the schedule?

Woman: Of course. Here you are.

Man 2: Thank you. Oh, look. His lecture doesn't start for another hour.

Man 1: I must've jotted down the wrong time when I checked the conference schedule online.

Man 2: Excuse me, I have another question. Is there someplace nearby we can get a drink and a quick bite to eat before the lecture?

Woman: Yes, there's a break area one floor below us.

Man 2: Thanks for your help.

26. 正解 (B)

Where most likely is the conversation taking place?

セリフで述べられる、場所を特定できる情報から正解を選

びます。最後まで聞いた方が情報が増えるので、最後に解答しても良い設問です。

　冒頭の男性1のセリフ "We're here for Dr. Sullivan's talk on medical equipment manufacturing." 「Sullivan 博士の医療機器製造に関する講演を聞きに来ました」から (B) が正解だとわかります。それ以降にも lecture、conference schedule など、会話の場所を特定するヒントが述べられています。

27. 　正解 (D)

> What problem does one of the **men** mention?

　men から推測できる登場人物の構成は以下の3パターンです。

① 男性2人
② 男性2人、女性1人
③ 男性3人

　これまでの出題傾向から③の可能性はほぼなく、最も可能性が高いのは②の3人話者が登場するパターンです。

　男性2は "His lecture doesn't start for another hour." 「彼の講演が始まるのはあと1時間後ですよ」と述べており、Sullivan 博士の講演が始まる時間を間違えていたようです。それに対して男性1は "I must've jotted down the wrong time when I checked the conference schedule online." 「ネットで会議の予定を確認したとき、時間を間違えて書き込んでしまったのに違いないです」と自分のミスを認めているので (D) が正解です。

28. 正解（D）

> ### What will the men probably do next?

　次の行動は男性たちが会話の後半で正解のヒントを述べるだろうと予測しておきます。

　男性2は女性に "Is there someplace nearby we can get a drink and a quick bite to eat before the lecture?"「講演会の前に、飲み物や簡単な食事を取れる場所は近くにありますか」とたずねています。それに対して女性は "Yes, there's a break area one floor below us."「はい、1つ下の階に休憩所があります」と、その場所があることを答えているので(D)が正解です。

語注

- □ **jot down** 　～を書き留める
- □ **bite** 名 軽食

- □ **write down** 　～を書き留める
- □ **purchase** 動 購入する
- □ **refreshment** 名 軽食

和訳

問題26～28は3人の話し手による次の会話に関するものです。

男性1：こんにちは。Sullivan 博士の医療機器製造に関する講演を聞きに来ました。その場所を教えていただけますか。

女性：今日のスケジュールを確認してみます…、彼は3階のレクチャーホールBで講演をします。今の講演が終わるのを待ってから入場していただく必要がありますが。

男性2：予定表を1部いただけますか。

女性：もちろんです。こちらです。

男性2：ありがとうございます。あっ、見てください。彼の講演が始まるのはあと1時間後ですよ。

男性1：ネットで会議の予定を確認したとき、時間を間違えて書き込んでしまったのに違いないです。

男性2：すみません、もう1つ質問があります。講演会の前に、飲み物や簡単な食事を取れる場所は近くにありますか。

女性：はい、1つ下の階に休憩所があります。

男性2：ありがとうございます。

26. 会話はどこで行われていると考えられますか。

    (A) 製造工場

    (B) カンファレンスセンター

    (C) 美術展

    (D) 医療機関

27. 男性の1人は何の問題を述べていますか。

    (A) ウェブサイトにアクセスできない。

    (B) Sullivan博士にスケジュールを送るのを忘れた。

    (C) 今日の彼女のスケジュールに満足していない。

    (D) 間違った情報を書き留めた。

28. 男性たちはおそらく次に何をしますか。

    (A) 会議室の外に並ぶ

    (B) 製品のデモンストレーションを見る

    (C) 最新のスケジュール表をコピーする

    (D) 軽食を購入する

Day 11

単語に込められた
キモチが
理解できれば
正解が見えてきます！

□ **29.** Why is the man at the business?

    (A) To pick up an invoice
    (B) To discuss a warranty
    (C) To return a device
    (D) To request a repair

□ **30.** Why does the woman say, "That won't be a problem at all"?

    (A) To respond to a complaint
    (B) To accept a customer request
    (C) To express surprise about a defect
    (D) To point out a misunderstanding

□ **31.** What does the woman offer to do?

    (A) Consult one of her supervisors
    (B) Call another store for the man
    (C) Show the man some products
    (D) Find an item in a different color

📛 スクリプト

Questions 29 through 31 refer to the following conversation.

Man: Hi. I bought this laptop here a couple of days ago. It was working fine, but last night it suddenly shut down. Since then, it won't turn on, so I've brought it back.

Woman: I'm sorry to hear that, sir. If you have your receipt, I can replace it for you.

Man: OK, here it is. And I'd like a refund, actually.

Woman: That won't be a problem at all.

Man: Great. The screen on this laptop isn't as big as I thought it would be, so now I want one with a 17-inch display.

Woman: I see. Well, as soon as I process the refund for you, why don't I show you what we have in stock?

Man: That would be great. Thank you.

29. 正解 (C)

Why is the man **at the business**?

business には「事業」、「商売」という意味があり、日本語のビジネスもこの意味で使われますが、ここでは at the business と場所を示しているので「会社」、「商店」という意味です。パート3の出題傾向から、この男性はどこかの会社、商店を訪問しているお客では、と予測することができます。

冒頭のセリフ "I bought this laptop here a couple of days ago." 「2、3日前にこのノートパソコンをここで買いました」によって、この男性がパソコンの販売店を訪問しているお客であることがわかります。そのパソコンが昨夜壊れてしまい、男性は "Since then, it won't turn on, so I've brought it back." 「それ以来、電源が入らなくなってしまったので、返品に来ました」と来店目的を告げているので、(C) が正解です。

30. 正解 (B)

Why does the woman say, **"That won't be a problem at all"**?

引用文を直訳すると「それは全く問題ありません」で、これ以前に述べられる「それ」とは何かを意識的に聞き取るようにします。

男性は "And I'd like a refund, actually." 「それと、実は返金してほしいのです」と新たな要求をしています。それに対して店員の女性が "That won't be a problem at all." 「それは全く問題ありませんよ」と返金に応じています。これを "accept a customer request" 「お客の要望を受け入れる」と言い換えた (B) が正解です。

 ワンポイントアドバイス

And I'd like a refund, **actually**.

副詞actuallyは新たな意見を述べる際に、相手に対するあたりを和らげようとするキモチが込められています。それま

で男性は壊れたパソコンの返品について話をしていましたが、「実は返金を希望している」という場面でこのactuallyを使っています。本問でもそうですが、<u>パート3ではこのactuallyは正解のヒントに絡むことが多いキーワードである</u>ことを覚えておきましょう。

31. 正解 (C)

> What does the woman **offer** to do?

No. 29の設問と合わせて先読みすることで、この女性は店員でお客の男性に何かを提案する場面では、と予測できます。

女性は "why don't I show you what we have in stock?" 「在庫があるものをお見せしましょうか」と男性に提案しているので (C) が正解です。

❌ 語注

□ **suddenly** 副 突然に
□ **refund** 名 返金
□ **process** 動 〜を進める
□ **stock** 名 在庫

□ **invoice** 名 請求書
□ **warranty** 名 保証
□ **defect** 名 欠陥
□ **misunderstanding** 名 誤解
□ **consult** 動 〜に相談する
□ **supervisor** 名 監督者

和訳

問題29〜31は次の会話に関するものです。

男性：こんにちは。2、3日前にこのノートパソコンをここで買いました。問題なく使えていたのですが、昨夜突然、停止してしまいました。それ以来、電源が入らなくなってしまったので、返品に来ました。

女性：それは申し訳ございません。レシートをお持ちでしたら、交換いたします。

男性：はい、これです。それと、実は返金してほしいのです。

女性：それは全く問題ありませんよ。

男性：よかったです。このノートパソコンの画面は思っていたよりも大きくないので、今度は17インチのディスプレイが欲しいです。

女性：承知しました。では、できる限り早急に返金の手続きを進めますので、在庫があるものをお見せしましょうか。

男性：それはいいですね。ありがとうございます。

29. 男性はなぜその会社にいるのですか。

　　(A) 請求書を受け取るため
　　(B) 保証について話し合うため
　　(C) 機器を返すため
　　(D) 修理を依頼するため

30. 女性なぜ "That won't be a problem at all" と言っていますか。

　　(A) 苦情に対応するため
　　(B) お客の要望を受け入れるため
　　(C) 欠陥に驚いているため
　　(D) 誤解を指摘するため

31. 女性は何を申し出ていますか。

　　(A) 上司の一人に相談する
　　(B) 男性のために別の店に電話をする
　　(C) 男性にいくつかの商品を見せる
　　(D) 違う色の商品を見つける

Day 12

設問、選択肢から
正解のヒントが
浮かびあがってくれば、
もう上級者です！

Captain's Seafood Coupon

One free drink with an order of:

Fish and chips on Monday
Lobster tail on Tuesday
Grilled halibut on Wednesday
Clam chowder on Thursday

☐ **32.** What does the man ask the woman about?

(A) If she needs more time to make a decision
(B) If she would like a table for one person
(C) If she has dined at the restaurant before
(D) If she would like to sit next to a window

☐ **33.** Why is the woman's friend late?

(A) She was unable to find a parking spot.
(B) She was given incorrect directions.
(C) She had to make an important phone call.
(D) She had to work later than usual.

☐ **34.** Look at the graphic. What day is the conversation most likely taking place?

(A) Monday
(B) Tuesday
(C) Wednesday
(D) Thursday

スクリプト

Questions 32 through 34 refer to the following conversation and coupon.

Man: Good evening, and welcome to Captain's Seafood. Are you ready to order, or do you need another minute to decide?

Woman: Actually, I'm waiting for a friend. Your parking lot was full, so she had to drive to the garage on Willow Street. She should be here any minute now, though.

Man: Would you like anything to drink while you're waiting?

Woman: Yes, I'll have an iced tea with a slice of lemon, please. Oh, by the way, I've had this coupon in my purse for about a year. Is it still valid?

Man: Yes, you can use it today. And everyone really likes the clam chowder—it's delicious.

32. 正解 (A)

What does the **man** ask the **woman** about?

(A) If she needs more time to make a decision

(B) If she would like a **table** for one person

(C) If she has dined at the **restaurant** before

(D) If she would like to **sit next to a window**

設問及び選択肢から、レストランで店員の男性がお客の女性と会話している場面では、と予測します。

男性は "Are you ready to order, or do you need another minute to decide?"「ご注文はお決まりでしょうか、それとも決めるのに時間を要しますか」とたずねているので (A) が正解です。

33. 正解 (A)

> **Why** is the woman's friend late?

　why で始まる設問は、会話の内容を予測しやすいので必ず先読みしましょう。この設問からは、女性の友人が遅れて来ることが話題になることがわかります。

　女性は "Actually, I'm waiting for a friend."「実は、友人を待っているのです」と予測通りのセリフが述べられ、それに続いて "Your parking lot was full, so she had to drive to the garage on Willow Street."「お店の駐車場が満車で、彼女は Willow 通りの車庫まで行ってしまったのです」と友人が遅れている理由を説明しているので (A) が正解です。

　🧑 ワンポイントアドバイス

> **Actually**, I'm waiting for a friend.

　Day 11 (257ページ) でも説明した actually がここでも、正解のヒントに絡んでいます。actually の後には新たな情報が述べられ、正解のヒントに絡むということを改めて確認しておきましょう。

---

34. 正解 (D)

What day is the conversation most likely taking place?

(A) **Monday**
(B) **Tuesday**
(C) **Wednesday**
(D) **Thursday**

選択肢には曜日が並んでおり、クーポン券を見ると各曜日毎に料理の名前が書かれているので、会話の中で読まれる料理名が正解のヒントだろうと予測します。

女性から1年前のクーポン券が今でも使えるかと問われた男性は、今日も使えると答えた後 "And everyone really likes the clam chowder"「皆さま、クラムチャウダーが本当にお好きです」と答えています。クーポン券にはクラムチャウダーは木曜日に書かれているので (D) が正解です。

語注

- □ **garage** 名 車庫
- □ **purse** 名 財布
- □ **halibut** 名 ハリバット（カレイの1種）

- □ **incorrect** 形 誤った
- □ **direction** 名 道案内、指示

和訳

問題32～34は次の会話とクーポン券に関するものです。

男性：こんばんは、Captain's Seafood へようこそ。ご注文はお決まりでしょうか、それとも決めるのに時間を要しますか。

女性：実は、友人を待っているのです。お店の駐車場が満車で、彼女は Willow 通りの車庫まで行ってしまったのです。もうすぐ来るはずなんですけどね。

男性：お待ちになる間、何かお飲みになりますか。

女性：はい、アイスティーにレモンスライスを添えてお願いします。そう言えば、このクーポンが1年くらい財布に入っていました。まだ使えますか。

男性：はい、本日お使いいただけますよ。皆さま、クラムチャウダーが本当にお好きです。美味しいですよ。

Captain's Seafood
クーポン

以下ご注文でドリンク一杯無料：

フィッシュアンドチップス（月曜日）
ロブスターテイル（火曜日）
焼きハリバット（水曜日）
クラムチャウダー（木曜日）

---

32. 男性は女性に何をたずねていますか。
    (A) 決断するのにもう少し時間が必要かどうか
    (B) 一人用のテーブルを希望するかどうか
    (C) 以前にそのレストランで食事をしたことがあるかどうか
    (D) 窓際の席を希望するかどうか

33. 女性の友人はなぜ遅れていますか。
    (A) 駐車場を見つけることができなかったから。
    (B) 間違った道案内をされたから。
    (C) 重要な電話をかけなければならなかったから。
    (D) いつもより遅くまで仕事をしなければならなかったから。

34. 図を見てください。この会話が行われているのは何曜日だと考えられますか。
    (A) 月曜日
    (B) 火曜日
    (C) 水曜日
    (D) 木曜日

Day 13

待ち受けキーワードを
決めたら
音も確認して
おきましょう!

☐ **35.** What is the purpose of the call?

(A) To change the details of an order
(B) To ask about a camera feature
(C) To report an error in an advertisement
(D) To inquire about a rental request

☐ **36.** What happened on July 9?

(A) A television commercial was filmed.
(B) The speaker submitted a form.
(C) A delivery driver sent a message.
(D) Two cameras were delivered.

☐ **37.** What does the speaker suggest doing?

(A) Setting up some equipment
(B) Taking some pictures
(C) Visiting a Web site
(D) Driving to a business

✖ スクリプト　🇬🇧 ◀82

Questions 35 through 37 refer to the following telephone message.

Hi, this is Brenda Perez calling from Fidelity Productions. We arranged to rent three cameras from you for a TV commercial that we'll be filming later today. I filled out and sent the rental request form via your Web site last week on July 9. Two cameras were delivered yesterday morning, but we're still waiting for the ZL-80 DSLR. According to the delivery driver, he was going to bring it yesterday afternoon. Since we'll need the camera today, would it be possible for you to send someone here with it this morning? Alternatively, I could come by your shop in my van to pick it up. Regardless, please give us a call at 555-0183 when you get this message. Thanks.

35. 正解 (D)

What is the purpose of the **call**?

　留守番電話に録音されたメッセージであろうと予測できます。電話の目的はトーク冒頭に述べられることが多いので、集中力を MAX にして音声を待ち受けましょう。

　冒頭の "We arranged to rent three cameras from you for a TV commercial that we'll be filming later today." 「今日、この後テレビコマーシャルを撮影するために、カメラ3台のレンタルを手配しました」から、話し手はカメラの借り手であることがわかります。トーク中盤で "Two cameras

were delivered yesterday morning, but we're still wait-
ing for the ZL-80 DSLR." 「昨日の朝、2台のカメラは配達
されましたが、デジタル一眼レフのZL-80をまだ待っていま
す」と電話をかけた理由を述べ、さらに "Since we'll need
the camera today, would it be possible for you to send
someone here with it this morning?" 「今日、カメラが必要
なので、今日の午前中に誰かにここへカメラを持って来てもら
うことはできませんか」と依頼しているので(D)が正解です。

36. 正解 (B) ━━━🚄

What happened on **July 9**?

待ち受けキーワードJuly 9の "9" の音は /naɪnθ/ であるこ
とを脳内音読で確認しておきましょう。

序盤のセリフ "I filled out and sent the rental request
form via your Web site last week on **July 9**." 「先週の7
月9日に御社のウェブサイトからレンタル申込用紙に記入し
て送信しました」にJuly 9が含まれており、(B)が正解だと
わかります。

37. 正解 (D) ━━━🚅

What does the speaker suggest doing?

トーク終盤に提案、依頼をするだろうと予測します。

"Since we'll need the camera today, would it be possi-
ble for you to send someone here with it this morning?"

「今日、カメラが必要なので、今日の午前中に誰かにここへカメラを持って来てもらうことはできませんか」と依頼をしています。それに続けて "Alternatively, I could come by your shop in my van to pick it up." 「あるいは、私のバンでお店に取りに伺うことも可能です」と代案を提案しており、これを "Driving to a business"「会社まで車で行く」と表現した (D) が正解です。

 ワンポイントアドバイス

Alternatively, I could come by your shop in my van to pick it up.

alternatively は別の提案を切り出す時に使われる副詞です。その後の内容が正解のヒントに絡む可能性が高い重要単語です。1つめの最初の e にストレスが置かれる点も意識して音を確認しておきましょう。

語注

- □ **production** 名 (映画、番組などの) 制作
- □ **DSLR** (Digital Single Lens Reflex cameraの略) デジタル一眼レフカメラ
- □ **regardless** 副 とにかく ≒anyway
  ※regardless ofは「〜にかかわらず」という意味の前置詞です!

- □ **feature** 名 特徴
- □ **inquire** 動 問い合わせる
- □ **submit** 動 〜を提出する
- □ **equipment** 名 機器

和訳

問題35～37は次の電話のメッセージに関するものです。

もしもし、Fidelity Productions の Brenda Perez です。今日、この
後テレビコマーシャルを撮影するために、カメラ3台のレンタルを手
配しました。先週の7月9日に御社のウェブサイトからレンタル申込
用紙に記入して送信しました。昨日の朝、2台のカメラは配達されま
したが、デジタル一眼レフの ZL-80 をまだ待っています。配達員に
よると、昨日の午後に持ってくる予定だったそうです。今日、カメラ
が必要なので、今日の午前中に誰かにここへカメラを持って来てもら
うことはできませんか。あるいは、私のバンでお店に取りに伺うこと
も可能です。いずれにしても、このメッセージを受け取ったら、555-
0183 に電話してください。よろしくお願いいたします。

35. 電話の目的は何ですか。
    (A) 注文の内容を変更すること
    (B) カメラの機能について質問すること
    (C) 広告の誤りを報告すること
    (D) レンタルの依頼についてたずねること

36. 7月9日に何が起こりましたか。
    (A) テレビコマーシャルが撮影された。
    (B) 話し手が用紙を送信した。
    (C) 配達員がメッセージを送った。
    (D) 2台のカメラが届けられた。

37. 話し手は何を提案していますか。
    (A) いくつかの機材を準備する
    (B) 写真を撮る
    (C) ウェブサイトを見る
    (D) 会社まで車で行く

Day 14

トークの転換点では
正解のヒントが
述べられます!

☐ **38.** Who is Jesse McDowell?

    (A) An author
    (B) A tour guide
    (C) A performer
    (D) A journalist

☐ **39.** Why does the speaker say, "But today's meeting agenda is quite full"?

    (A) She cannot continue discussing a topic.
    (B) She is unable to miss an important meeting.
    (C) She wants the listeners to refrain from speaking.
    (D) She thinks a meeting should be extended.

☐ **40.** What does the speaker plan to do next week?

    (A) Provide some feedback
    (B) Calculate a budget
    (C) Write a concert review
    (D) Delegate some tasks

スクリプト　🏴󠁧󠁢󠁥󠁮󠁧󠁿 (83)

Questions 38 through 40 refer to the following excerpt from a meeting.

Everyone, I'm excited to announce that the world-renowned singer Jesse McDowell has hired us as his concert promoter. I'm confident that his tour will be a huge success. Although we have eight months before the tour gets underway, we'll have to start booking arenas in the coming weeks. Also, the marketing budget for this contract is quite big, so we'll be able to promote the shows widely through a variety of media. <u>But today's meeting agenda is quite full</u>. So, I won't talk anymore about the McDowell tour. And by next week's meeting, I'll have put together a basic plan in preparation for promoting his shows, and I'll assign each of you some work related to that. OK, that's it for now. Thanks.

38. 　正解 (C)

Who is **Jesse McDowell**?

　パート4で「誰か」が問われる人物は、話し手、聞き手、話し手が述べる第三者、のいずれかですが、可能性が高いのは第三者です。脳内で Jesse McDowell を音読して、音を確認しておきましょう。

　話し手は冒頭で "Everyone, I'm excited to announce that the world-renowned singer Jesse McDowell has hired us as his concert promoter." 「皆さん、この度、世界的に有名な

歌手、Jesse McDowell 氏のコンサートプロモーターとして当社が採用されたことをお知らせします」と Jesse McDowell のことを紹介しているので、(C) が正解です。

🧑 ワンポイントアドバイス

renowned は「有名な」という意味の形容詞で、TOEIC 重要単語です。同義語として famous、well-known、prominent、celebrated を覚えておきましょう。パート4では「～はなぜ（何が）有名ですか」という設問は定番問題です。音は「レノウンド」ではなく /rɪnáʊnd/ です。最初の e と o の音を間違って記憶している方が多いので、音声ファイルで確認しておきましょう。

---

39. 正解（A）

> Why does the speaker say, "But **today's meeting agenda** is quite full"?

まずこの引用文から、トークは会議の抜粋で、聞き手は会議の参加者だろうと予測ができます。そして逆接の接続詞 but が引用文にある場合は以下のような話の展開が予測できるので、引用文の次の文をしっかり聞き取るようにしましょう。

「～である」
　　⇩
「(but) しかし、…である」
　　⇩
「**なので、*** である**」または「**なぜならば、*** だからだ**」

　話し手は、前半から McDowell のツアーに関する話をした後に、引用文 "But today's meeting agenda is quite full." 「しかし、今日の会議の議題はかなり多いです」を述べ、その後に "So, I won't talk anymore about the McDowell tour." 「なので、McDowell のツアーについてはもう話しません」と述べているので (A) が正解です。

40. 正解 (D)

What does the speaker plan to do **next week**?

　終盤に述べられるであろう待ち受けキーワードの next week を含む文を注意深く聞き取るようにしましょう。

　話し手は "And by **next week's** meeting, I'll have put together a basic plan in preparation for promoting his shows, and I'll assign each of you some work related to that." 「そして、来週のミーティングまでには、彼のライブを宣伝するための基本的なプランをまとめ、それに関連した仕事をどなたかに任せようと思います」と述べており、これを Delegate some tasks「いくつかの仕事を任せる」と表現した (D) が正解です。

✖ 語注

□ **be exited to do** 〜することに興奮する
□ **promoter** 名 主催者、興行主
□ **confident** 形 自信がある
□ **underway** 形 進行中で
□ **a variety of** 様々な〜
□ **put together** （考えなど）をまとめる

□ **in preparation for** ～に備えて
□ **assign A B** B（仕事など）をA（人）に割り当てる

□ **author** 名 著者、作家
□ **refrain from** *doing* ～することを慎む、控える
□ **extend** 動 ～を延長する
□ **delegate** 動 （権限など）を委任する
　　※名詞の delegation は「代表団」の意味でも出題されます。

❌ 和訳

問題38～40は次の会議の抜粋に関するものです。

皆さん、この度、世界的に有名な歌手、Jesse McDowell 氏のコンサートプロモーターとして当社が採用されたことをお知らせします。彼のツアーは大成功することを確信しています。ツアーが始まるまで8ヶ月ありますが、数週間後にはアリーナの予約を開始しなければなりません。また、今回契約したマーケティング予算はかなり多いので、様々なメディアを使って広くプロモーションを行うことができるでしょう。しかし、今日の会議の議題はかなり多いです。なので、McDowell のツアーについてはもう話しません。そして、来週のミーティングまでには、彼のライブを宣伝するための基本的なプランをまとめ、それに関連した仕事をどなたかに任せようと思います。それでは、今回はここまでとさせていただきます。ありがとうございました。

38. Jesse McDowell とは誰ですか。

　　(A) 作家
　　(B) ツアーガイド
　　(C) パフォーマー
　　(D) ジャーナリスト

39. 話し手はなぜ "But today's meeting agenda is quite full" と言っていますか。

   (A) 話題の議論を続けることができないから。
   (B) 重要な会議を欠席できないから。
   (C) 聞き手に発言を控えてほしいと思っているから。
   (D) 会議を延長すべきだと考えているから。

40. 話し手は来週何をするつもりですか。

   (A) いくつかのフィードバックを提供する
   (B) 予算を計算する
   (C) コンサートのレビューを書く
   (D) いくつかの仕事を任せる

♪ 英語を聞き取るための
音のレッスン　　自分の耳で聞こえた音が正しい音

　クリアに発話しているこのイギリス人女性ナレーターの音声を使って、注意が必要な単語の音を確認してみましょう。

> I'm confident that his **tour** will be a huge success.

　tour はツアーとして日本語化しているので、カタカナ英語の「ツアー」で音を記憶しているとかなり聞き取りにくいはずです。tour の音は米国式には /tʊər/、英国式には r が読まれず /tɔː/ ですが、いずれも先頭の音は「ツ」ではなく「ト」に近い音で、後半の音に「アー」という音は含まれません。音の表記に発音記号を用いていますが、それが読めなくても構いません。大切なのは自分の耳で聞こえた音が正しい音だと理解することです。このナレーターが発話する tour が「トー」と聞こえたならば、それが自分にとって正しい音なのです。

Although we have eight months before the tour gets underway, we'll have to start booking arenas in the coming weeks.

although は「〜にもかかわらず」という意味の接続詞で、パート3、4ではその後の内容が正解のヒントになることも多く、しっかりと聞き取りたい重要単語です。l を「ル」と読むカタカナ英語の「オールゾー」で覚えていると聞き漏らしてしまいます。この女性ナレーターはかなりクリアに although を発話しているので、スペルを忘れて、その音を聞き込んで耳に染み込ませてしまいましょう。また、2音節の後半にストレスが置かれる点も意識してください。

Also, the marketing budget for this contract is quite big, so we'll be able to promote the shows widely **through** a variety of media.

この through は「〜を通じて」という手段を表す前置詞として使われています。また from Monday through Friday のように期間を表すフレーズでも使われます。手段や期間はパート3、4の設問で問われることが多いので、この through の音は正確に聞き取れるようにしておきましょう。カタカナ英語では th の部分を「ス」で代用して「スルー」になってしまいますが、正しい音 /θruː/ の先頭部分は全く異なる音です。ナレーターの音をよく聞き込み、自分でも真似して発話してみましょう。

Day 15

最後まで集中して
ケアレスミスに
気を付けて!!

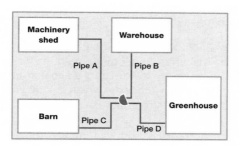

□ **41.** What does the speaker say he found?

　(A) A route to a local farm
　(B) A cause of a problem
　(C) A schedule for a project
　(D) A map of a property

□ **42.** Look at the graphic. Which pipe will be replaced?

　(A) Pipe A
　(B) Pipe B
　(C) Pipe D
　(D) Pipe C

□ **43.** What does the speaker say he wants to do the following day?

　(A) Get some help lifting a machine
　(B) Place an order for some pipes
　(C) Store some tools in a building
　(D) Park in a convenient place

スクリプト

Questions 41 through 43 refer to the following telephone message and map.

Hello, Ms. Allen. It's Greg Harris from Leaside Plumbing. This afternoon, I pinpointed the cause of your low water pressure. There's a leak from one of the pipes on your property, which is why your barn isn't getting a strong flow of water. We don't have to order the right size pipe to replace it, as we have a few at our shop. So, I'll be back tomorrow with that and someone to help me with the removal and installation work. Also, would you mind if I parked our truck between your barn and machinery shed? Since we'll be bringing some heavy tools, having it close to where we'll be working would be convenient. Please let us know if that's OK when we arrive in the morning. Thank you.

41. 正解 (B)

What does the speaker say he **found**?

トークは話し手が見つけたもの (こと) を中心に展開していくだろうと予測します。

序盤の "This afternoon, I pinpointed the cause of your low water pressure."「今日の午後、水圧低下の原因を突き止めました」によって (B) が正解だとわかります。pinpoint は出題例の少ない単語ですが、これを聞き逃したとしても、その後も "There's a leak from one of the pipes on your property, which is why your barn isn't getting a strong flow of water."「お宅の敷地内にあるパイプの1つから水漏れがあり、それが原因で納屋に強い水が流れていないのです」や、パイプの交換について述べているので、(B) を正解と特定することは可能です。

42. 正解 (D)

> Which **pipe** will be replaced?

見慣れない図が登場すると、一瞬ドキッとしますが冷静に何がヒントになりそうかを考えてみましょう。

地図の中には選択肢に示されているパイプの名前が載っており、それぞれのパイプは建物の名前が正解のヒントになりそうです。これを整理してみると以下のようになります。

Pipe A	Machinery shed
Pipe B	Warehouse
Pipe C	Barn
Pipe D	Greenhouse

話し手は "There's a leak from one of the pipes on your property, which is why your barn isn't getting a strong flow of water."「お宅の敷地内にあるパイプの1つから水漏れがあり、それが原因で納屋に強い水が流れていないのです」と、水漏れの場所は納屋につながるパイプだと述べています。さらに続けて "We don't have to order the right size pipe to replace it, as we have a few at our shop."「交換に適したサイズのパイプはお店にいくつかあるので、注文する必要はありません」と水漏れしているパイプの交換について

述べており、納屋につながっているのは Pipe C なので <u>(D)</u> が正解です。

 ワンポイントアドバイス

　選択肢の並び順がおかしいので、誤植なのではと思われたかもしれませんが、これは意図的にこの順番にしてあります。本番のテストのグラフィック問題では、図の中に描かれているものが以下のような順番で選択肢に並ぶことがあるのです。

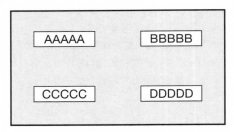

(A) AAAAA
(B) BBBBB
(C) DDDDD
(D) CCCCC

　正解の CCCCC を選ぼうとして、うっかり上から3番目の (C) を選んでしまうと DDDDD を選んでしまうことになり不正解になってしまうというトラップが仕掛けられています。「こんなの英語力ではなくて、注意力の問題じゃないの?」という声が聞こえてきそうですが、<u>TOEIC は情報処理能力も問われるテストなのです</u>。十分注意しましょう。

43. 正解 (D)

> What does the speaker say he wants to do the following day?

　トーク終盤で正解のヒントが述べられるだろうと予測します。

　話し手は後半で "Also, would you mind if I parked our truck between your barn and machinery shed?"「それと、お宅の納屋と機械小屋の間にトラックを停めさせてもらってもいいですか」と自分の希望を伝えています。それに続けて "Since we'll be bringing some heavy tools, having it close to where we'll be working would be convenient."「重い道具を持ってくるので、作業する場所の近くにあると便利なのです」と、納屋の近くに駐車すると便利になるからと述べているので、(D) が正解です。

❌ 語注

    □ **pinpoint** 動 (原因など)を突き止める
    □ **pressure** 名 圧力
    □ **leak** 名 漏れ
    □ **barn** 名 (穀物や家畜用の) 小屋

    □ **machinery** 名 (大型の) 機械
    □ **shed** 名 小屋
    □ **greenhouse** 名 温室
       ※地球温暖化のニュースに登場するのはgreenhouse gas (温室効果ガス) です。

□ **farm** 名 農場

※firm（会社）と間違えないように!

□ **lift** 動 〜を持ち上げる

🗙 和訳

問題41〜43は次の電話のメッセージと地図に関するものです。

もしもし、Allen さん。Leaside Plumbing の Greg Harris です。今日の午後、水圧低下の原因を突き止めました。お宅の敷地内にあるパイプの1つから水漏れがあり、それが原因で納屋に強い水が流れていないのです。交換に適したサイズのパイプはお店にいくつかあるので、注文する必要はありません。ですので、明日、それを持って、取り外しと取り付けの作業を手伝ってくれる人と戻ってきます。それと、お宅の納屋と機械小屋の間にトラックを停めさせてもらってもいいですか。重い道具を持ってくるので、作業する場所の近くにあると便利なのです。午前中に到着した際に可能かどうかお知らせください。よろしくお願いします。

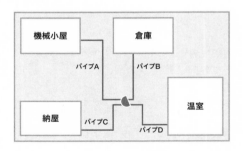

41. 話し手は何を見つけたと言っていますか。

　　(A) 地元の農場への道順

　　(B) 問題の原因

　　(C) プロジェクトのスケジュール

　　(D) 土地の地図

42. 図を見てください。どのパイプが交換されますか。

    (A) パイプ A

    (B) パイプ B

    (C) パイプ D

    (D) パイプ C

43. 話し手は翌日に何をしたいと言っていますか。

    (A) 機械を持ち上げるのを手伝ってもらう

    (B) パイプの注文をする

    (C) 道具を建物の中に保管する

    (D) 便利な場所に駐車する

♪ 英語を聞き取るための 音のレッスン　前置詞の弱形をマスターしよう

　本問も早口のオーストラリア人ナレーターが読んでいるので超高速音読にチャレンジしてみましょう。ナレーターの速度で読むと **33秒**、1.1倍で読むと **30秒** です。

　読む前に確認していただきたいのが前置詞の音です。from は強く読む場合は /frʌm/ ですが、早く読むと o の音が弱まり /frəm/、さらには r が消えて /fm/ のようにも聞こえます。この音を弱形と言います。超高速音読する場合にはこの弱形の音を真似するとスムーズに読むことができ、また音も体感できるので効果的です。

> Hello, Ms. Allen. It's Greg Harris **from** Leaside Plumbing.

　前置詞 to の基本の音は /tuː/、早く読む場合には o が弱まり弱形の /tə/ になります。

> We don't have **to** order the right size pipe **to** replace it, as we have a few at our shop.

著者紹介

八島 晶（やしま・あきら）

外資系ソフトウェア会社に勤務する現役ビジネスマン。通訳案内士。2013年にTOEIC公開テスト、IPテストで満点（990点）を取得。公開テストの受験回数 は130回超。独自の問題攻略法と学習法を伝授するTOEICスコアアップセミナーの受講者はのべ6000名を超える。主な著書に『TOEIC® L&R TEST サラリーマン特急 新形式リスニング』（小社）、『八島式 TOEIC® L&R テストの英語が聞こえるようになる本』（旺文社）、『極めろ！ TOEIC® L&R TEST 990点 リスニング特訓』（スリーエーネットワーク）、『出るとこ集中10日間！ TOEIC® テスト 文法編』（西東社）などがある。

TOEIC満点サラリーマンのブログ：http://ojimstoeicdiary.blog.fc2.com/
Twitterアカウント：@IvicaOjim

TOEIC®L&R TEST 5分間特急
超集中リスニング

2021年10月30日　第1刷発行
2022年 8月20日　第3刷発行

著 者	八島 晶
発行者	三宮 博信
装 丁	川原田 良一
本文デザイン	コントヨコ
イラスト	cawa-j ☆かわじ
印刷所	大日本印刷株式会社
発行所	朝日新聞出版

〒104-8011　東京都中央区築地5-3-2
電話 03-5541-8814（編集）　03-5540-7793（販売）
© 2021 Akira Yashima
Published in Japan by Asahi Shimbun Publications Inc.
ISBN 978-4-02-331969-1